聖イグナチオの最初の伝記記者

ペドロ・デ・リバデネイラ神父の生涯

ホアン・カトレット 著
ホセ・マリア・カトレット 絵
髙橋 敦子 訳

教友社

もくじ

はじめに

ペドロ・デ・リバデネイラ神父は、最初のイエズス会員の一人であり、聖イグナチオ・デ・ロヨラの熱心な弟子である。彼は1572年、ラテン語で初めて『聖イグナチオ伝』を書いた人であり、1583年には、スペイン語で『聖イグナチオ伝』を書いた。その理由だけでも、この小論を彼にささげるのがふさわしい。

しかしそれだけではなく、ペドロ・デ・リバデネイラ神父という人は、非常に親しみやすい人柄であり、著作家としても多作の人であった。12歳のとき、すでにスペイン語とラテン語をマスターしていた。1539年のある日、スペイン王カルロス1世の教皇特使であった枢機卿《すうききょう》アレッサンドロ・ファルネーゼが、女王イサベラの葬儀でスペインを来訪、トレドで、ペドリート（ペドロ・デ・リバデネイラの愛称）に出会った。彼の利発さに驚いた枢機卿は、ペドロを自分の小姓《こしょう》として、イタリアに連れ帰ることを許してほしいと、ペドリートの母親に頼みこんだ。枢機卿は「イタリアに連れて行ったら、ペドリートには教育を受けさせ、有望な職にもつかせよう」と言って、両親を安心させた。

若いペドロ・デ・リバデネイラはローマに行った。彼は元来、情熱的な性格であった。後に、ペドロ・デ・リバデネイラ神父の秘書となったブラザー・クリストバル・ロペスが述べたところによると、ある日、枢機卿の家族が小姓たちを連れて、ぶどう畑に行ったとき、ペドロは、その小姓仲間の一人と喧嘩《けんか》になり、ぶどう畑を離れた。彼はひとりで1レグア（約5㎞）ほど歩きつづけたが、枢機卿の家に帰ると、鞭打《むちう》ちの罰を受けるおそれがあったので、帰らないことにし、夜遅くまでローマの町を、放浪者のように歩き回った。そうこうするうちに、イグナチオ神父とその同志たちが住んでいた家の前を通りかかった。ペドロ・デ・リバデネイラは、その家を前から知っていたので、中に入った。彼は物珍しさに心を動かされ、またイグナチオ神父の愛情あふれる接し方に感動して、イエズス会に入りたいと願い出、その夜のうちに入会が認められた。それは1540年9月18日のことであり、イエズス会がパウロ3世によって、修道会として認可される8日前のことであり、ペドロは当時14歳であった。

イグナチオ・デ・ロヨラ神父は、他の弟子たちに行なっていたような、入念な入会試験なしに、ペドロの入会を認めた。イグナチオ神父は、幼いペドロのうちに、何を見たのであろうか？

ペドロの生涯を物語るなかで、それを検証していきたい。

２０１２年11月１日

ホアン・カトレットＳＪ

第1章　家族と教育（1526〜1549年）

ペドロ・デ・リバデネイラは、1526年11月1日、スペインのトレドで生まれた。トレドという貴族的で小さな町は、タホ川沿いの切り立った絶壁に、やっとのことでしがみついているような町で、家並みはぎっしりと立て込んでいる。この町は、スペインではカルロス1世（ドイツではカルロス5世）と呼ばれた皇帝の時代に、キリスト教の砦《とりで》となっていたスペインの都であった。町の紋章である盾は町の「ビサーグラ門」にある石にきざみつけられており、かつてムスリム人の市場があった所には隠れたような広場があり、さらに中世の要塞《ようさい》や、教会や修道院などが、すべてこの急勾配《こうばい》の狭い道に集まっていた。

ペドロ・デ・リバデネイラの両親は、貴族で裕福であり、彼らの先祖は、この町の統治者であり、イサベル女王とフェルナンド王という2人の王の宮廷で、名誉ある役職についていた。父は、ドン・アルバロ・オルティス・デ・シスネロスの息子であり、女王イサベルの小姓ド

リバデネイラ神父の生地トレドの全景

ン・エルナンド・オルティス・デ・シスネロスの孫であった。ペドロの母は、カタリナ・デ・ビリャロボス・イ・リバデネイラと言い、ガリシア地方の「リバ・デ・ネイラ」村のビリャロボス家の出であった。

生まれたばかりの子は、洗礼式で、父方の祖父ペドロ・ゴンサレス・セディジョの名前からペドロの名前を授かり、母方の祖母を記念してリバデネイラの名前を付け加えた。ペドロの母は、すでに女の子を3人産んでいたので、もし次に男の子が生まれたら、その子を聖母に奉献すると言っていた。姉妹の一人は後にシスターになった。

両親の家系、「オルティス・デ・シスネロス」も、「ビリャロボス」も、新クリスチャンであった。つまり両家ともユダヤ教からの改宗者であった。このことはペドロ・デ・リバデネイラの生涯を語るときに、忘れてはならないことである。

「はじめに」のところで述べたように、ペドロは、生まれ故郷のトレドで勉強を始めた。セディーリョとベネガスの監督のもとで、スペイン語とラテン語の文法を学んだのであった。

前述したように、１５３９年、14歳のときに、枢機卿《すうききょう》アレッサンドロ・ファルネーゼ（１５２０年より１５８９年死去のときまで枢機卿）のもとで小姓を務めた。ペドロは生命力にあふれ、知的で、頑固、情熱的であったが、同時に、敬虔《けいけん》で謙遜《けんそん》でもあった。

１５４０年9月18日の夜、ペドロはイエズス会に入会した。イグナチオ神父はファルネーゼ枢機卿に、夜に抜け出したペドロ・デ・リバデネイラを、イグナチオ神父の弟子とする、つまり、イエズス会員にすることを許してほしいと願い出た。ファルネーゼ枢機卿は、イエズス会に好意的な恩人であったので、快くイグナチオ神父の申し出を聞き入れた。最初の数か月のあいだ、イグナチオ神父は、ペドロ・デ・リバデネイラに対して、辛抱強く、我慢した。同じ家に住むイエズス会員たちは、ペドロを追い出すよう助言したのであるが、イグナチオ神父はいつもペドロをかばい、大切にしていた。たとえば、前に述べたブラザー・ロペスは、ペドロ・デ・リバデネイラ神父についての伝記のなかで、次のように述べている。

ペドロ・デ・リバデネイラは全く子供のようで、朝は遅くまで寝ていた。イグナチオ神父が彼を呼んでも、なかなか目を覚まさず、そのためにイグナチオ神父は、彼の目が覚めるまで、耳元で大きな声で何回も呼ぶようにと命令した。ペドロは利発で短気であり、会の家の階段を駆け上がったり、駆け下りたりして、大きな音をたてた。イグナチオ神父は彼に、静かにするようにと注意した。するとペドロは、自分の下肢を太もに紐《ひも》で縛りつけたので、歩くことができなくなった。イグナチオ神父は彼に注意し、その紐をほどき、静かに歩くようにと諭《さと》した。

ペドロ・デ・リバデネイラは14歳のとき、聖イグナチオ・デ・ロヨラによって、イエズス会に修練者として入会することを認められた

また、ペドロはふざけて、教会の入り口にある水盤に、インクを入れたこともあった。教会に入ってくる人が、水盤の水を確かめないで十字を切ると、その人の額にインクがついてしまったのである。

あるときは、食堂で修練者たちが

克己の練習をしようと、食卓についているイエズス会員たちの靴に口づけをするために、食堂のテーブルの前でひざまずいたとき、ペドロはあるイエズス会員の片方の足の靴ひもと、別な会員の片方の靴ひもとを結んでしまったことがあった。2人が食事を済ませ立ち上がろうとしたとき、彼らはつまずいてしまい、周りから笑いが起こった。

この最後の二つの「いたずら」について、イエズス会資料『Fontes Narrativi』を探したのであるが、残念ながら探し出すことはできなかった。

このように、さまざまな「いたずら」をしたにもかかわらず、イグナチオ神父はペドロ・デ・リバデネイラについて、彼はいずれ役立つ者となり、会のために何かをしてくれるであろうということを予感しており、その直感はまちがってはいなかった。

イグナチオ神父は1540年12月に、ペドロに霊操を指導した。12月25日、ペドロは初聖体を受けたが、初聖体があまりに遅かったことに驚かされる。イグナチオ神父は、若いペドロに2年間ほど、イエズス会の霊性について教えた後、1542年4月25日、ペドロを勉強のためにパリに送り出した。ペドロを含む7人の同志がローマを出発した。ローマから200レグア(約1000㎞)ほど歩いて、アヴィニヨンに着いたが、不便で貧しい旅であった。巡礼者の服を身につけ、ゲートルを巻いて靴をはき、人々に施しを乞《こ》い、病院に泊めてもらった。アヴィニヨンで7人の同志たちは別れ別れになり、5人はポルトガルに行き、ペドロともう1人、少し年上の学生は、パリに向かった。約１３６レグア（６８０㎞）の旅程であった。アヴィニヨンからリヨンまでの道中は、強い雨が降ったために、ロダノ川があふれ、２人はあやうく溺《おぼ》れそうになった。パリに着いた2人は、サンタ・バルバラ学院で勉強を始めたが、ここはかつて聖イグナチオ、ファーヴル、ザビエル神父らが学んだ学院であった。ところが当時、スペインとフランスのあいだに再び戦争が起こり、ペドロ・デ・リバデネイラと8人のイエズス会学生は、スペイン人であるという理由で、１５４２年7月24日、パリから追放された。彼らは当時、フランドルにおけるスペイン領であったルーヴァンに送られ、ここでペドロは１５４２年から43年にかけて、1年間勉強をした。その後再びローマに戻り、すでに司祭になっていたホアン・ジェロニモ・ドメネック神父の指導のもとで、勉強をつづけた。ドメネック神父はフランドルでは若いイエズス会員たちの長上であった。

１５４３年2月の初め、彼らはルーヴァンを出発したが、ルーヴァンからローマへの道中は、きわめて過酷なものであった。旅程は長く、寒さは厳しく、空は晴れたことがなく、いつも雪や氷に覆われていた。時期は四旬節のころである。プロテスタントの多い土地を通り過ぎ、あるとき、リバデネイラとドメネックは肉を食べたいと思ったのであるが、手に入れることができなかった。ルーヴァンからルクセンブルグ公国を通ったが、ここは山が多く、通る人は少なかった。すき腹をかかえ、寒さに耐えながらウルマに着き、そこからトリエントに行った。その後、ラベンナを経て、船でアンコナに渡り、やっとローマにたどり着いたのは、１５４３年4月20日であった。

ローマでペドロ・デ・リバデネイラは、イエズス会員としての召命に危機を感じた。というのは、ペドロが自分の生涯について告解したとき、恐ろしい誘惑を受けたのである。その誘惑とは、ペドロにたいし、《イエズス会を去って、スペインに帰った方がよい》と勧め、彼を駄目にさせようとする、恐ろしい誘惑であった。彼はパリからルーヴァンへ、さらにローマへの旅において起こった出来事や、実り少なかった勉学のことを思い起こし、これは、自分がイグナチオ神父の道を歩むことを、神が望んでおられないしるしではないか、と考えたのである。

イグナチオ神父はペドロに、何日間か霊操をするようにと勧めた。その後、１５４３年9月5日に、ペドロは総告解を行ない、神の恵みによって力づけられ、「イエズス会の旗」のもとに歩みつづける決心をした。こうしてペドロは修練者の生活をつづけたのであるが、さらに2年間、身体的な試練を受けることとなる。すなわち、絶えず身体に熱があり、ハンセン病に似た疥癬《かいせん》が身体じゅうにできて、苦しめられたうえ、顔が醜くなった。また、右足のふくらはぎには膿瘍《のうよう》ができ、焼灼治療《しょうしゃく》を受けたのであるが、2か月間というものは、ペドロの片足が生涯、不自由になってしまう恐れさえあったのである。ところが、思いがけず、このような身体の痛みは、彼の魂を鍛え、過去のふしだらで、罪深い情熱を清めてくれた。すべての困難を乗り越えて、ペドロ・デ・リバデネイラは1545年9月30日、イエズス会において清貧、貞潔、従順の初誓願を宣立した。

ペドロははじめ、助修士になりたいと思ったのであるが、イグナチオ神父は、彼をパドヴァの学院に送った。ペドロは1545年10月23日にパドヴァに着き、1545年から49年までの4年間、パドヴァのサンタ・マリア・マグダレナにある、イエズス会学院で勉強した。この学院は教区の司教ルイス・リッポマノの弟である、修道院長アンドレア・リッポマノによって創設されたものである。ペドロはパドゥアで、もう一人の若いイエズス会員ホアン・アルフォンソ・デ・ポランコと出会い、親友となった。ポランコは聖イグナチオに依頼されて、ペドロを監督した。パドゥアでペドロは「ヒューマニズム」についてしっかりした教育を受けた。このヒューマニズムの勉強を確実に身につけたことは、後にペドロが自由に、良い文体で著作をするときに大いに役立ったのである。

パドヴァでのリバデネイラおよび同僚のイエズス会員たちは、経済的に苦しく、イグナチオ神父に次のように書き送っている。「われわれの食事はいつも粗末なメニューになりました。ときどき、ほんの少し肉が出ますが、それだけなのです」(Epistolae Mixtae V, 649)。イエズス会がその年、シチリアのパレルモに、イエズス会の新しい学院を開いたが、ペドロをそこ1549年8月末、イグナチオ神父はペドロ・デ・リバデネイロをローマに呼び寄せた。イに派遣し、修辞学の教師にさせるためであった。10月20日、ペドロは他の2人の同僚と共にローマを出発して、シチリアに向かった。ナポリでさらに5名のイエズス会員が加わり、3日におよぶ快適な航海の後、シチリアの首都であるパレルモに着いた。

第2章　学院の教師であり、イグナチオ神父の大使となる
（1549～1556年）

1549年11月24日、新しい学院の授業が厳粛に始められた。サン・フランシスコ教会では、副王ホアン・デ・ベガ、異端審問官、司教、その他町の有力者を迎えて、ディエゴ・ライネス神父が説教を行なった。ペドロ・デ・リバデネイラはイエズス会の生活上は「中間期生」と呼ばれる学生であったが、パレルモ学院では3年間教えた。彼の任務は同学院にラテン語と修辞学の学科を確立することであり、その分野では学監の称号が与えられた。ペドロは時間の余裕があるときには病院を訪れて病人を慰めたりもした。またパレルモのサン・アントニオ教会では、まだ学生であったにもかかわらず、説教をしたこともあった。

パレルモで3年が過ぎたころ、イエズス会創立者イグナチオ神父は、ペドロ・デ・リバデネイラをローマに呼び寄せ、ドイツ学院で修辞学を教えさせた。この学院はかつてドイツの教皇

庁大使であった、枢機卿ジョヴァンニ・モローネの主導により、イグナチオ神父が創立した学院であった。枢機卿モローネは、ドイツという国に、精神的な支えが必要であることを心配していたのである。1552年8月31日、教皇ユリオ3世はドイツの学生のために、ドイツ学院を開く許可を与える教書を発表した。学生たちはドイツ学院に住みながら、ローマ学院に行って勉強したり、講義を受けたりするのである。皇帝カルロス1世およびフェリペ2世も、このドイツ学院を後援した恩人であった。ドイツ学院では、1565年、偉大なスペイン人作曲家トマス・ルイス・デ・ビクトリア（1548～1611年）がフェリペ2世の奨学金を得て、ジョヴァンニ・ピエルージ・ダ・パレストリーナ（1525～1594年）の指導のもと、作曲と歌唱を完成させるために入学し、ドイツ学院合唱団の指導者になった。ビクトリアは後に司祭に叙階され、音楽の研鑽を重ね、4重、6重合唱をアカペラで歌う、すばらしいモテットを作曲した。スペインではよく言われるのであるが、音楽におけるビクトリア、絵画界の傑物エル・グレコ（1541～1614年）、精神世界における十字架の聖ヨハネ（1542～1591年）の3人、それにイグナチオ・デ・ロヨラ（1491～1556年）と、神秘家イエズスのテレジア修道女（1515～1582年）を加えた5人は、16世紀のスペインを代表する存在とされている。

ペドロ・デ・リバデネイラは、1552年9月26日、2人の同僚と共に、船でパレルモからナポリに行き、ナポリからローマに向かい、11月6日に着いた。ドイツ学院は1552年10月28日に開校した。ペドロ・デ・リバデネイラは、イグナチオ神父が彼にかけた期待に応《こた》えることができた。また、リバデネイラはサン・エウスタキオ教会において、1552年10月28日、多くの枢機卿、司教やローマの高貴な人々から拍手を受けながら、ドイツ学院開校の演説を行なった。それとともに同学院で修辞学を教えた。彼の神学の勉強も終了したので、イグナチオ神父の命により、1553年12月8日、汚れなき聖母マリアの祝日に、サンタ・マリア・マジョーレ大聖堂において司祭に叙階されることを承諾した。初ミサは「馬小屋」の小聖堂で立てられたが、そこはかつて、イグナチオ神父も1538年に、初ミサをささげたところであった（Epistolae Mistae III, 179）。

それから3年後の1555年、責任のある重要な使命が始まった。イグナチオ神父はペドロ・デ・リバデネイラ神父を、フランドル地方に派遣することにした。王となるフェリペ2世にたいし、フランドル地方（ベルギー・オランダ）においてイエズス会が存在することの承認を得ることと、イエズス会の会憲について説明をする、という使命を託されたのである。会憲はポランコ神父や、近くに住むイエズス会員の助けを得て、最近、イグナチオ神父が完成させたものであった。

まだ29歳と若いリバデネイラ神父は、スペイン人修道者である青年フランシスコ・ギラルドを連れて行くことにした。ローマからボロニアへ、さらにボロニアを1555年10月23日に出発した。ボロニアにいるとき、スピラというところに若いイエズス会員で、エステバンという者が肺結核で療養していることを知り、彼を慰めに行った。この青年は、ローマのドイツ学院で勉強しており、そのときにイエズス会に入会していた。一日を病人に付き添って過ごし、そこからは雪道を歩いて、ウガルセン村に向かった。夜になり、道が分からなくなったが、なんとかウガルセンに辿《たど》り着くことができた。家々の戸はすでに閉じられていたが、大声で「宿をお願いします」と頼み回ったところ、ある善良な人が戸を開けてくれ、家の中に入れてくれた。その後ケルンの町を通ったが、そこに住むカルトゥジオ会の神父たちは、いつもイエズス会にたいして好意的であり、このときも、ローマ学院のためにと、かなりの額の施しを与えてくれた。当時ローマ学院は収入がなく、苦境に置かれていた。レアル貨幣の施しを持って、ケルンを出発したリバデネイラ神父と同僚は馬で出発し、ケルンのイエズス会の長上であるレオナルド・ケッセル神父は、馬に乗れなかったので、徒歩でついてきた。夜になって村に着いたが、そこで宿泊しようとしたとき、下僕《げぼく》をつれ、家に帰ろうとしているアーヘンの商人に出会った。また、そこには高貴な紳士らしい人も泊まっていた。翌朝、レオナルド神父がケルンに戻る前に、リバデネイラたちに勧めて、「あの高貴な紳士も、リバデネイラ神父やギラルドが行こうとしている場所へ行く、と言っていたから、彼について行く方がよい」と言った。リバデネイラ神父は馬に乗ったが、ムシの知らせか、あるいは神による知らせだったのかもしれないが、突然考えを変え、アーヘンの商人といっしょに行くことにした。この判断によって、リバデネイラ神父たちは、道中の追いはぎの危険から救われたのであった。紳士と見えたのは、そのあたりの森にいる強盗団の頭で、彼らによって、何日か前に、旅行者の一団が襲われ、持ち物を奪われたあげく、殺されたことが分かった。

リバデネイラおよび同伴の修練者は馬に乗り、馬に乗れず徒歩で行くケッセル神父の案内で、ケルンを出発した

ルーヴァンに着くと、大学の学長がリバデネイラ神父に、ラテン語で説教をしてくれるように頼んだ。リバデネイラ神父はこれを見事にこなしたので、ブラッセルの宮廷に呼

ばれ、1556年1月6日、ご公現の祝日に、スペイン語で説教をしてほしいとの依頼を受けた。リバデネイラ神父のすばらしい雄弁は、そこにいた王フェリペ2世を感動させ、イエズス会の変わらぬ友人である、フェリア公爵のとりなしもあり、1556年8月3日、王はイエズス会がフランドル地方に学校や修道院をつくることを認めた。リバデネイラ神父の外交的、行政的使命は成功を収めた。彼の使徒的情熱も同様に認められた。リバデネイラ神父がフランドル地方にいたとき、イグナチオ神父がその年、1556年7月31日に帰天したという悲しい知らせが届いた。リバデネイラ神父はその著『告白録』のなかで、次のように述べている。

「われらの父は天に行ってしまわれた。息子たちを孤児として地上に残して。もっともわれらは、彼の庇護《ひご》から見捨てられたわけではないけれども」（第1巻22章）。

1556年9月2日、リバデネイラ神父はガンテからポランコ神父に宛《あ》てて次のような手紙を書いた。

「キリストのうちに尊敬する神父様、聖霊の恵みと平和が、神父様の心と全イエズス会を、いつも慰めてくださいますように。なぜなら、われらの祝福された父イグナチオの帰天に際し、他の力では慰めることができないと思うのです。……われわれのためにいつも泣いておられた、祝福された父であり師であるイグナチオ神父が帰天され、師父は、どれほど神の栄光にあずかっておられることでしょう。でもわれら全会員にとっては、非常に悲しいことです。

この知らせを受けて、私がどんなに悲しんでいるか、どんなに心を痛めているか、あなたはご存知でしょう。そしてついに、私は自分が愛し尊敬した師父のところまで目を上げ、師父のところから、師父がいつも見ておられた神の聖なる摂理にまで目を上げますと、イエズス会は、師父イグナチオを礎《いしずえ》として創立されたのではなく、イエス・キリストの上に建てられた、ということを確かに知ることができ、慰めを感じないではいられません。イエスはそのために、ご自分の僕《しもべ》である師父を立ち上がらせ、主の御手《みて》の業《わざ》を行なわさせました。イエスは全能であられるので、われらに次々と人を与えられ、彼らは師父のようにではありませんが、われらが必要とする人材となるでしょう。……われらの主は、師父イグナチオを、われらの模範として与えられたように、主は師父が仲介者となるよう、彼を連れ去られたことはまちがいありません。

師父イグナチオの死を思うと、私は泣くばかりで、私の心は破れそうになります。私はあのような栄光に満ち、祝福された師父の帰天に立ち会う値打ちもないと思っています。なぜなら、私はイグナチオ神父の人生の模範から、あまり学んでこなかったからです。真に、栄光に満ち、祝福された私の父イグナチオ！（本当に、あなたは全イエズス会の父であられたし、とくに私にとってはそうでした。イグナチオ神父は、私をイエス・キリストのうちに生まれさせてくださったのです）。天国からあなたの霊を私に送ってください。あなたはいま、至福のところにおられるのだから、私に、今までに与えられた愛より少ない愛を与えたり、救いも少なくされることはないでしょう。私は、いま、あなたがおられないので、寂しい思いをしており、あなたの救いをもっと必要としているのですから。……

ローマから多くの手紙や、または、何らかの他の方法で知らせが来るまでは、私はこの知らせを、こちらの同僚たちの誰にも知らせようとは思いません。

イエス・キリストにおけるあなたの僕、ペドロ・デ・リバデネイラ」。

（MHSI, II, pp.18-24）

第3章　ライネス総長時代のリバデネイラ神父（1557〜1565年）

聖イグナチオが帰天してまもなく、1556年8月に、ディエゴ・ライネス神父が総長代理に指名された。彼は早く第1回イエズス会総会を開きたいと思った。しかし、教皇パウロ4世と王フェリペ2世とのあいだに戦いがあり、そのために、総会は1558年6月まで開催することができなかった。

ライネス総長代理はリバデネイラ神父に、ローマに戻るようにと命じた。リバデネイラ神父は、同僚のブラザー・フランシスコ・ギラルドと、1556年にイエズス会に入ったばかりの医師、ディエゴ・デ・レデスマと共に、ローマに戻ることにした。このディエゴ・デ・レデスマという人は、後にローマ学院の優れた教授になったが、1575年に死去した。

3人の同僚は、1556年11月23日にブラッセルを発《た》ち、1557年2月3日、ローマに帰着した。今回の旅は悲惨なものだった。天候が悪く、ドイツでは耐えがたいほどの氷に悩まさ

リバデネイラ神父は、急流に流されかけたブラザー・ギラルドとその馬を救おうと、自分の馬を流れに乗り入れた

れた。そこを通り過ぎて、ネカル川の浅瀬に来たとき、ブラザー・ギラルドは川の水を見ていて、めまいを起こし、馬の手綱を手放してしまったため、川の流れに引きずられ、水中に落ちてしまった。すると勇敢なリバデネイラ神父は、自分の手綱をしっかりと握りしめたまま、川の中に入り、ギラルドとその馬を川から引き上げたのであった。

　フィレンツェに着くと、危険はさらに増した。というのは教皇庁の兵士が通行人を取り調べ、スペイン人だと分かると、ひどい取り扱いをしたからである。しかしやっとのことで、一行は無事にローマに着くことができた。

　ありがたいことに、教皇パウロ４世と王フェリペ２世のあいだに平和が戻った。平和であることを確証するために、教皇は自分の甥《おい》であるカロロ・カラッファ枢機卿《すうききょう》（１５１７〜１５６1年）をフランドル地方にいたフェリペ2世のもとに送った。パウロ４世は同枢機卿にサルメロン神父が同行するようにと命じ、ライネス総長代理はリバデネイラ神父に、枢機卿とサルメロン神父に同行するように命じた。サルメロンとリバデネイラの両神父は、１５５７年10月16日にローマを出発し、12月２日にブリュッセルに着いた。ポントレ山近くの道を通った。寒さと風がひどかったので、２人は馬から降りて、風に吹きとばされないように、馬の尻尾《しっぽ》にしっかりとつかまっていた。山頂に着いたときは、もうほとんど夜になっていたので、下りるときに、低いところに枝のある木々の生い茂る森を通り抜けなければならず、髪の毛がひっかかったり、目を傷める恐れがあった。ところがありがたいことに、その土地の人が、彼らを麓《ふもと》の村まで案内してくれた。アルゲンタンの町の近くに来たとき、王フェリペ２世からの手紙が届き、その辺りに、非カトリックのドイツ騎兵が４００名ほどいると知らせてきた。王は思慮深く、ブルゴーニュまで進んで来ていた。リバデネイラ神父とその一行は、新たな危険に遭遇した。しかし彼らは馬を早駆けさせて、ドイツ兵の側を駆け抜けたが、ドイツ兵たちは、呆然としていて、リバデネイラ一行を追いかけようとはしなかった。次の夜は、バカラという村で一夜を過ごしたが、その村の住民はカルヴァン派であった。リバデネイラとサルメロン両神父は村びとといっしょに夕食をとったが、村びとはリバデネイラ神父たちを殺そうと企んだ。というのは、彼らはリバデネイラ神父たちに、ワインを飲むように勧めたのに、両神父ともワインを飲まなかったからであった。さらに村びとは、リバデネイラ神父たちの衣服から、彼らがカトリックの司祭であることに気付いた。

村びとたちが泥酔してしまったのは幸いであった。2人のイエズス会員は、その場からそっと抜け出して部屋に戻り、扉にかんぬきをかけた。酔っぱらった村びとたちは2人の部屋に押しかけてきたが、開けることができず、ついにあきらめてしまった。翌朝、彼らが足を投げ出して眠っているすきに、2人のイエズス会員は無事に出発することができた。

リバデネイラとサルメロン両神父は、1557年12月2日、ブリュッセルに着いた。同月17日、従者を連れ、自費で旅をしてきたカラッファ枢機卿の邸宅に伺候した。その後、枢機卿は、2人のイエズス会員を連れ、教皇パウロ4世の名代として、王フェリペ2世を表敬訪問をした後、ローマに帰った。リバデネイラ神父はライネス総長代理の命により、その後も宮廷に留まった。

一方で、教皇パウロ4世と王フェリペ2世とのあいだの戦争のため、2年も開催が遅れていたイエズス総会は、紛争が終わり、平和が樹立されたことで、1558年6月19日から9月10日まで開催され、ディエゴ・ライネス神父が正式に総長に選ばれた。

リバデネイラ神父は1558年11月までブリュッセルに留まっていたが、その月の半ば、フェリア公爵の要請によって、イギリスに渡った。ヘンリー8世とカタリーナ・デ・アラゴン

リバデネイラ神父は、ロンドンで有名な「ロンドン塔」を眺める

の娘であるチューダー家のメアリ1世（1516〜1558年）の体調が悪化したためであった。メアリはカトリックであり、カトリックの子孫を得たいとスペインのフェリペ2世と結婚したのであったが、フェリペ2世は、フランスとの戦争で多忙をきわめ、病床にあるイギリス女王メアリの介護をしてくれるよう、リバデネイラ神父に依頼した。リバデネイラ神父もロンドンにイエズス会の学院を創立したいという夢を抱いていた。しかし女王メアリは、11月17日に死去し、義妹のエリザベス1世（1533〜1603年）が王位を継承した。エリザベス1世は、ヘンリー8世と愛人のアン・ブーリンとのあいだに生まれた子で、メアリの異母妹にあたり、国教会《アングリカン》の信徒であった。エリザベス1世は、カトリックにたいして、一気に圧力をかけ始めた。リバデネイラ神父は、できるだけ早くヨーロッパ大陸に戻るために、身を隠さなければならな

かった。

リバデネイラ神父はイギリス国内で何か月か潜伏した後、1559年3月7日、フランドルに向け、ロンドンを脱出した。同月14日には、無事ブリュッセルに着くことができた。ありがたいことに、そのころはスペインとフランス間に平和条約が結ばれた。リバデネイラ神父は1559年4月21日、ブリュッセルを出発し、パリ、リヨンを経て、同年6月10日にローマに着いた。

新総長ライネス神父は、リバデネイラ神父に、ドイツ学院の監督の職務につくよう依頼し、また、アメリア、ペルージア、ロレットの巡察師に指名した。

ところが、ライネス神父自身が、1560年11月3日、リバデネイラ神父に、4誓願宣立司祭として荘厳終生誓願を宣立するように命じた。というのは、リバデネイラ神父は自分は長上としてふさわしくないからという理由で、長上にさせられることを恐れていたからである。誓願宣立の儀式が終わると、ライネス総長は、リバデネイラ神父をトスカナ管区の管区長に任命した。ライネス神父によれば、「新管区長は説教や教えることができ、勇気のある人でなければならない。さらに、思慮深く、イエズス会の創立時からいて、会に長年在籍し、大切な事柄を取り扱うことに習熟し、父イグナチオと親しく付き合った人でなければならない」。

トスカナ地方には、イエズス会学院が6校あった。すなわち、ジュネーヴ、フィレンツェ、シエナ、モンテプルチアノ、マチェラタ、それにロレットである。リバデネイラ神父は1560年12月13日にジュネーヴに向け出発し、1561年1月8日に着いた。次のことに注目しなければならない。ある日、彼は昼食をとった後、サルサナを出発し、ジュネーヴの山中にあるサンレミジオという村を通り、彼と2人のイエズス会員は、夜中に川を渡らなければならなかった。川の水は12倍から15倍近くまで増水しており、危険であった。リバデネイラ神父はアウグスティヌスが『告白録』に書いているように、次のように記している。「わたしの神よ、あなたは水の神であり、川や海の神でもあるのです。ですから、どうすれば、私たちが川を渡ることができるか、私たちを導き、あなたの優しい庇護の手で、私たちを救い出してください」。

リバデネイラ神父は新しい管区を統治しながら、1561年5月20日まで、ジュネーヴに留まっていた。ジュネーヴを出て海の方に向かった。その海ではトルコ軍の手に落ちる危険があったが、幸いなんらの攻撃を受けることもなく、前述したトスカナ管区のイエズス学院を訪問し、ロレットに着くことができた。ここで、スペインからローマに帰るフランシスコ・デ・ボルハ神父に出会い、2人は他のイエズス会員と共に、ローマに向け出発した。

ライネス神父は教皇ピオ4世の命により、ポランコ神父と共に、1561年のポワジー集会に出席しなければならなかった。ライネス総長不在に際し、ライネス神父はサルメロン神父を総長代理に、リバデネイラ神父を総長代理補佐に任命し、イエズス会全般の統治をゆだねた。リバデネイラ神父は、ローマにいながら、トスカナ県も統治した。その後、サルメロン神父がトリエント公会議に、神学専門家として派遣されたので、リバデネイラ神父はイタリアの総長補佐として、イエズス会を代表する立場に立った。

そのような状態であったので、スペインのカスティーリャ県を2つに分け、カスティーリャとトレドとし、それまでシチリアの管区長であったジェロニモ・ドメネック神父がトレド管区長に任命された。ライネス総長は、リバデネイラ神父を新たにシチリア管区長として派遣した。リバデネイラ神父は、シチリアにかつて滞在していたことがあり、シチリアのことをよく知っていたからであった。彼はローマを発って、1562年3月1日にメッシーナに着き、同じ3月16日にパレルモに着いた。

リバデネイラ神父の『告白録』には旅の思いがけない出来事が記されている。スペインのガレー船総督ドン・ガスパール・デ・キローガがマルタ船籍のガレー船に乗船するように勧めたが、リバデネイラ神父は気にもかけず、ナポリで小さな船に乗ってしまった。しかしそれは正解であった。というのはフランスから来たマルタのガレー船は、ペスト患者がいたために、ナポリにも、シチリアの港にも寄港することができなかった。小船で行ったリバデネイラ神父は、海上も平穏に恵まれ、1562年3月1日の午後、メッシーナに上陸した。その船の乗客は、そのまま船に残っていたが、翌日は嵐《あらし》になって、危うく船が沈みかけ、乗客の命も失われそうになった。

リバデネイラ神父は、陸路メッシーナからパレルモに旅したが、海に沿ったボロロ山という山の道を通っているとき、海から吹きつける風があまりにも激しく、乗っていたラバの鞍《くら》から落ちてしまった。もし風が反対側から吹いていたら、彼は海に落ちていたであろう。道の片側は絶壁になっていたのである。

パレルモの近くのソレントという所で、リバデネイラ神父とイエズス会の同僚たちは盗賊の手に落ちた。盗賊たちはリバデネイラ神父たちを森に連れて行き、そこで全員を縛りあげて暴行を加えた。リバデネイラ神父は機転が利くので、盗賊にていねいな言葉で話しかけ、貧しい人々に分け与えるために持っていた金銭を盗賊に与えたので、彼らはリバデネイラ神父一行を解放した。このような恐ろしい経験をしながら、一行は1562年3月16日、無事パレルモに到着した。

リバデネイラ神父は約3年2か月をシチリアで管区長として過ごした。パレルモではイエズス学院の側に、大きな教会を建てるなど、充実した任務を果たした。リバデネイラ神父は1565年1月19日の夜に、ライネス神父が帰天したことを知らされた。すぐに、総長代理サルメロン神父（1515〜1585年）の命により、リバデネイラ神父はローマに帰ることになり、１５６５年４月25日、第３代イエズス会総長選挙の準備が整ったローマに到着した。

第4章　ボルハ総長とメルクリアン総長のもとに（1565〜1573年）

1565年、ローマではイエズス会第2回総会が開かれ、フランシスコ・ボルハ神父（1510〜1572年）が新総長に選ばれた。リバデネイラ神父はこの総会に参加した。新総長はリバデネイラ神父を、227名のイエズス会員を擁する「ローマ学院」の監督（院長の上にあってすべてを監督する役職）に任命した。そのすぐ後、総長は、リバデネイラ神父にたいし、直接総長の管轄下にある荘厳終生誓願宣立修道士の家を除き、それ以外のローマにあるすべてのイエズス会学院、神学院、会の家の監督を引き受けてくれるよう、依頼した。

リバデネイラ神父は、1569年5月までローマにいたが、5月にロンバルディア管区の「巡察師」に任命された。当時ロンバルディア管区は、ヴェネチア管区とミラノ管区を擁していた。彼はジェノヴァから船に乗り、1570年3月30日にチヴィタヴェッキアで下船した。

ローマに戻ったのは1570年4月であった。彼は再度、イエズス会学院とローマのイエズス会の家の管理に当たるためであった。

1571年の初め、リバデネイラ神父は健康の衰えを感じるようになり、4月17日には腎臓に強い痛みを覚え、自分は死ぬかもしれないと思ったと言う。ボルハ総長はリバデネイラ神父を見舞ったが、彼がひどく弱っているのを見て、祝福を与えるとともに、ローマのイエズス会の家を監督として支えてきた任務を免除した。

リバデネイラ神父は、一度はひどい痛みから快方に向かったものの、病気が腎臓結石による痛みであるところから、ボルハ総長は、彼をスペインとポルトガル全管区の総長補佐として、スペインに派遣することにした。

1571年6月27日、教皇ピオ5世の命により、総長ボルハは教皇の甥《おい》、アレハンドロ枢機卿と共にスペインに行った。目的はスペイン王フェリペ2世に、トルコに対する十字軍の派遣を要請するためであった。その要請が実って、レパント湾の海戦が行なわれ、1571年10月7日、スペイン軍はトルコ軍に勝利した。

ボルハ総長は疲れ果て、1572年9月25日にローマに戻り、同年9月30日に帰天した。

イエズス会第3回総会が開催された。そのなかで、1573年の初め、リバデネイラ神父は総会の書記に選出された。この総会はきわめて難しい総会であった。というのはイエズス会のなかのポルトガル人やイタリア人が、第4代総長にスペイン人が選ばれることに反対したからであった。ポランコ神父は、イグナチオ、ライネス、ボルハと3代の総長の秘書として務め、またイエズス会の精神をよく知っている者として、総長にふさわしい人物であった。しかし、ポランコ神父はスペイン人であり、さらに「新クリスチャン」の子孫であった。ということは、ユダヤ教からの改宗者の家系の出であったのである。スペイン王フェリペ2世は「イエズス会はユダヤ人のシナゴーグ（会堂）のように思われる」と言ったことがあった。皮肉たっぷりの言葉である。これに反して、聖イグナチオはずっと以前に、「われらの主イエスはユダヤ民族の出であり、その同じ血を受け継ぎ、同じ家系に属するのは、たいへん光栄なことである」と述べたことがあった。

このような状況のなかで、教皇グレゴリオ13世が「今回はスペイン人でない人、たとえば、メルクリアン神父のような人が選ばれるのが望ましい」と述べたことが、参集したイエズス会員の心象に影響を与え、新総長として、エヴェラルド・メルクリアン神父（1514～1580年）が選ばれるように、という教皇の願いがかなった。メルクリアン神父は、ベルギー人のイエズス会員で、ベルギー管区長と北ヨーロッパの総長補佐であった人である。1573年4月23日、新総長が選出された。

翌年、リバデネイラ神父の主治医は、ヨーロッパの、もっと空気の良いところに行けば、長年の病気も治るであろうと診断したので、総長メルクリアン神父は、リバデネイラ神父をスペインに行かせた。イエズス会で、30年以上も、会の運営のために責任ある重要な地位にあったリバデネイラ神父は、1574年6月18日、ローマを出発した。

第5章　人生の終わりまでスペインに住み、著述に励む

（1574〜1611年）

リバデネイラ神父は1574年11月8日に、ガレー船でジェノヴァを発ち、同月14日にスペインのカタルーニャ地方に着いた。バルセロナから17レグア（約70㎞）離れた、トレッリャ・デ・モングリと呼ばれる、岩の切り立った入り江に上陸した。ここからラバに乗り、陸路をバルセロナまで行った。船旅の疲れをいやすために、何日かこの町に留まった。バルセロナでのリバデネイラ神父は、イグナチオ神父の思い出を集めることに全力をあげた。カタルーニャ地方のイエズス会員たちは、イグナチオ神父が最初に持っていた袋の一部を、遺物として、リバデネイラたちに贈ってくれた。これは聖イグナチオが、施しをもらうために巡礼をしていたとき、マンレサで用いていたものである。彼らは次のような話をしてくれた。

2人のイエズス会神父が、信心を深めるためにマンレサに行き、この地方の老人たちに、イ

グナチオ神父について知っていることを教えてほしいと言った。老人たちが言うには、少し離れたところに、一人の老司祭がいるが、彼はイグナチオ神父について、もっと多くの事を知っているとのことであった。

そこで２人のイエズス会員は、その司祭に会いに行き、イグナチオ神父のことを知っているかと聞いた。彼は答えて言った。

「知っているとも！　イグナチオ神父は、私の家からエルサレムに出かけたのだよ。私たちは彼に、上からはおる茶色の上着をあげたのだ。すると彼は自分が持っていた、麻布でできた袋を置いて行ったのを覚えている。その麻布で、われわれは袋をいくつか作った。ほんとのことを言うと、その袋は、イチジクの木のところにある。袋が古びて駄目になったので、鳥を追っ払うために、あそこにかぶせたんだよ」。

２人の神父はこのことを聞いて、イチジクの木のところに行き、袋を見た。老司祭も袋を見つけ、２人に向かって、「これだよ」と言った。２人の神父は心から慰めをおぼえ、袋を取り上げて口づけし、それをバルセロナに持ち帰った。２人の神父は、この事の次第をリバデネイラ神父に話したのち、袋の切れ端をリバデネイラ神父にくれた。彼は、生涯それを大切に持っていて、敬意を払い、崇《あが》めていた（Monumenta Ribadeneira II, 499）。

リバデネイラ神父はのちに、かつてイグナチオが旅した足跡をたどった。モンセラットやマンレサをはじめ、多くのスペインの町を通り、バレンシアやクエンカにも行った。リバデネイラ神父は１５８３年までは、トレドに居住していた。トレドの大司教であるガスパル・デ・キローガと親交を結び、キローガは自分の邸にリバデネイラ神父を招き、いっしょに食事をした。

リバデネイラ神父、モンセラットの修道院を訪問する

同神父との会話が楽しかったのである。その後、リバデネイラ神父は、マドリードのイエズス会学院に引っ越した。彼はブラザーたちと話をするのが好きだった。というのは、彼らの単純さと信仰深さとを尊重していたからである。リバデネイラ神父は清貧の誓願にきわめて忠実であり、擦《す》り切れた古い聖衣を着ていて、ある紳士が寒い部屋で身を守るために送ってくれた胴衣も用いなかった。彼はまた

イエスと聖母マリアに対する信心が深く、毎日ロザリオを繰りながら祈り、また、次の言葉で始まる祈りを聖イグナチオのために作った。

「私の魂の聖なる父、愛情に満ち、優しい父イグナチオ、あなたの愛は広く、われわれ息子たちすべてに注がれ、守ってくださいます。とくに私は、救っていただかなければならないことを覚えていてください。というのは、私があなたにどんなに世話をかけたとしても、他の誰よりも、私はあなたを必要としているからです」。

リバデネイラ神父は、少し病状がよくなってくると、きわめて熟練した筆力で、30年以上も著述に打ち込んだ。1574年から1611年にかけて、リバデネイラ神父は歴史、聖人伝、克己、政治などについて、感銘を与えるような多くの著書を著し、それらは再編集されたり、翻訳されたりして、スペインの黄金期の著作者のなかで、確固たる地位を占めるものとなった。リバデネイラ神父は、スペインの「デモステネス」とも呼ばれる。彼の歴史書や伝記には、その深い人文学的素養と宗教的精神がにじみ出ている。それらの著作は使徒としての使命感をもって書かれているが、客観性を尊重せずに作り上げられた信心の話ではない。彼は伝えるべきことを、よく伝えることに注意を払い、根拠を明らかにし、当時よく用いられた歴史的批判の手法を用いた。

リバデネイラ神父の文筆家としての活動は、ラテン語からの翻訳、特に聖アウグスティヌスの著作の翻訳から始まったと言える。『黙想、ソリロキオス（独白）』（1553年、メディナ・デル・カンポで出版）。その後、聖アルベルト・マグヌスの『魂のパラダイス』（Paraíso del alma）と聖アウグスティヌスの『告白録』が出版された。この本は、後にリバデネイラ神父が、自分自身の『告白録』を書くときの手本として役立った。

リバデネイラ神父の最初の主要著書となった“Vita Ignatii Loyolae”（聖イグナチオ・デ・ロヨラ伝）は、この小著の序文にあるように、1572年にラテン語で出版され、そのスペイン語版は、1583年に上梓《じょうし》された。この本については、E・フューターがその著『新しい聖人伝の話』（ミュンヘン、1925年）のなかで、「人文主義はリバデネイラの伝記に比べられるような伝記を生み出さなかった」と述べている（p.283）。ラテン語版の決定版は1586年にマドリードで、スペイン語版は1605年、同じくマドリードでの出版となっている。また、1605年版には若干の訂正が加えられた。

さらに1594年になると、リバデネイラ神父はイグナチオの後継総長であったディエゴ・ライネス神父とフランシスコ・デ・ボルハ神父の伝記も出版した。

1583年にはマドリードで、『トレドの聖なる教会が祝った聖人たちの教えと業績』が出版され、トレドでは1588年に、『イギリスの教会分裂の歴史』が2巻本で出版された。リバデネイラ神父は、この本の第3巻として、女王エリザベス1世による迫害について書いた

（1593年、アルカラで出版）。この著書は版を重ね、スペインではベストセラーの一つとなった。『兵士や艦隊の……船長への勧め』（1588年）は、艦隊の船長であった公爵セディナ・シドニアの妻、アナ・フェリックス・デ・グスマンに贈られたが、著者名を広めないようにとの明白な依頼があった。同じ事柄についての、もう一つの手紙では、艦隊が被《こうむ》った敗北の原因について説明があり、これはおそらく、スペイン王フェリペ2世の手元に届くようにと、ホアン・デ・イディアケスに宛《あ》てられていた。

世にいわれる「無敵艦隊の敗北」というテーマについて、リバデネイラ神父は1589年に、「災厄について」という論文を発表した。そのなかで、あらゆる種類の災厄、公的なものであれ、個人的なものであれ、すべてについて、自分の見解を述べたものである。この本は他国語にも翻訳され、当時は広く読まれた。聖サレジオ（1567～1622年）は、彼の霊的娘であるサンタ・ホアナ・シャンタルにこの本を勧めている。

この本のなかでリバデネイラ神父は、“tribulación”（災厄）という言葉の語源について、説明することから始めている。これはラテン語の“tribulo”から来た言葉で、トリブロとは葉先が尖《とが》った「ハマビシ」と呼ばれる植物である。あるいは別のラテン語“tribula”は畑の農夫が用いる脱穀機である。“tribulación”（災厄）という言葉は、われわれを急《せ》き立て、服従させ、へりくだらせ、地上のものに重きを置かず、天上のものに向かわせるための光を与えてくれる。

その方法とは、われわれの罪をゆるし、正しい方向に向けさせ、われわれの過《あやま》ちを正してくれる。災厄という言葉を小麦に比べている。小麦は食べられるようになるために、まず集められ、きれいにされ、粉にひかれ、こねられ、圧搾《あっさく》場でしぼられるワインや油と共に料理される。災厄は身体を清めてくれる下剤のように、病気を治して、われわれが神のものに戻り、神と一体となるのを助けてくれる薬のように、忍耐をもって受け止めなければならない。リバデネイラ神父は聖アウグスティヌスの次のような言葉を引用している。

「あなたはコップであるが、中身がいっぱい入っている。コップの中のものを空けなさい。あなたが持っていないものを受け取るためです。世の愛を捨てなさい。神の愛で満たすために」。

この『災厄論』のなかで、リバデネイラ神父は、自分が影響を受けた三つの事柄を示している。一つはイグナチオ主義、二つ目にセネカの影響を受けたセネキズム、三つ目はアウグスティヌス主義である。リバデネイラ神父は、イエズス会の若い学生として教養を身につけようとしていたころから、ラテン語の古典に親しみを感じていた。とくにセネカの道徳論や、聖アウグスティヌスの著作に親近感を覚え、なかでも教会の偉大な神父であり、カルタゴの司教でもあったアウグスティヌスの『告白録』に共感し、前述したように、アウグスティヌスの『告白録』を手本として、自分の『告白録』を書いた。そのなかで、リバデネイラ神父は、つねに自分を守り、恵みを与えてくれる神に感謝の態度を示し、いつも対話の形で自分の人生を語っている。

リバデネイラ神父はまた、ニッコロ・マキャベリ（1469〜1527年）の「国家の理性」と「王子」に反対して、『キリスト教徒の王子が持つべき宗教と徳性論』を出版し、「キリスト教徒の王子」というテーマを打ち出して、それをスペインのフェリペ3世に献呈した。また、「キリスト教徒の王子」の肖像画を作り、徳性という光輪をつけ、その道徳的徳性を称揚し、威厳あるものとし、カトリシズムによって導かれ、神を尊敬して崇《あが》め、リバデネイラ神父がユーモアをこめて言ったように、「民衆という暴走する馬の手綱をさばく」存在とした。

リバデネイラ神父は『信心深い人々が用い、役立つための祈りの手引き』も書いた（マドリード、1605年）。この本の中には、聖なる神父たち、とくにアウグスティヌスやその他の聖人たち、聖トマス・アクィナス、聖ボナヴェントゥラ等の祈りが収録されている。同時に、リバデネイラ自身が作った祈りも含まれている。私がそのなかでもとくに優れていると思うのは、「神への感謝の表明」の長い祈りである。そこでは神が四大要素、空気、水、火、地を創造されたこと、植物や大小の動物、男女の人間を神の似姿に創られたことへの感謝が述べられている。キリストの生涯の神秘への祈り、罪のゆるしを願う祈り、七つの大罪にたいする祈り、告解の秘跡と聖体拝領を受ける前と後の祈り、天使と聖人への祈り、聖人のなかでも、とくに聖母マリアへの祈りが際立っている。
模範的な祈りとして、次にリバデネイラ神父の祈りを記しておきたい。

「この上なく優しく恵みに満ちた聖母マリア、神があなたを守ってくださるように。
主はあなたと共におられます。神はあなたを守ってくださいます。あなたは天の門であり、天国の入り口、海の星、口の利《き》けない人の喜び、罪びとの避難所、海を行く者の港、危《あや》うい状態にある人の助け、迷える人の道、医師から見放された者の健康、世の調停者、罪を死なせる方、悪魔にとって驚き、悪い霊にとって恐怖である方です。神の前であなたは、そのような特別な恵みをいただいておられ、神はあのように計り知れ

リバデネイラ神父は聖母を深く敬愛したが、とりわけ、彼が作った聖マリアへの祈りは美しい

ない特別な計らいによって、あなたを母に選び、あなたをすべての生物の上に置き、褒め称えられました。私はつつましくあなたに懇願します。おお、希望に満ち幸せな聖母、私の数えきれないほどの忌むべき罪が、あなたを傷つけないように、そして私の罪をゆるしてくださるように。そして私を僕《しもべ》として受け入れてください。あなたはまさに神の母、罪びとの母であられるのですから。あなたはあのような災厄を受けても、沈黙の純潔を守られ、大天使ガブリエルの称賛の言葉を聞いたとき、真につつましい態度を保っておられました。それで私はあなたに、私自身のことについて真に祈っていただきたいのです。私がどのような称賛からも離れ、栄光に値する者には栄光を、私には悔い改めの心をいただきたいのです。

おお、清らかな聖母、あなたはいつも心の清さをあれほど大切にされ、大天使が、あなたの事前の同意を得ることなく、あなたが神の母になると告げたときにも、どうすれば、あなたの純潔を失うことなく、そうなることができるかを知りたいと思われました。

あなたの感嘆すべき純潔さのゆえに、私はあなたにお願いします。あなたの祝福された御子、あらゆる性的罪に完全に打ち勝たれた方に、私が少しでも近づくことができるよう、あなたの徳の力で、私の情欲の火を消し、私を保護してください。あなたのあのような深いへりくだり、それゆえにあなたは神の母として選ばれたのですが、あなたはご自分を僕《しもべ》として奉献して言われました。『主のはしためはここにおります。主のみことばのままになりますように』と。おお、へりくだった天の女王、あなたにお願いします。あなたの執《と》り成しで、あなたのひとり子、御子の前で、私が恵みにあずかり、真に謙虚なものとなり、尊大さ、傲慢《ごうまん》、うぬぼれ、横柄さ、自己満足、自負心、自分の兄弟たちの軽視、みくびりなどから離れ、自分が何者でもないこと、自分ほどの罪びとはいないことを悟り、神でありながら、あなたの胎内で私たちのために人になられた方に感謝をささげます。

あなたの聖なる魂に宿るあのような愛情、輝き、燃え立ち、喜び、霊的歓喜は、聖霊があなたのうちに不意に来て、神のみことばがあなたの肉を身にまとい、あなたに真の母としての威厳と栄光を与え、あなたがそれにふさわしくなるように、あらゆる賜物《たまもの》と特権とであなたを豊かなものとします。私はあなたにお願いし、懇願し、哀願します。おお、神の母、清らかな聖母、どうぞ私をあなたの翼の下に置いてください。そして私をあなたの忠実な永遠の僕としてください。あなたの援助によって、私が自分だけのものにならず、あなたの祝福された息子になれるように。私の生涯の考え、ことば、行ないは、あの主に感謝し、奉仕するために用いられますように。主はあなたのうちで、そして私のために、人間の肉体を身にまとい、人を神に近づけるために、人として世に来られたのです。アーメン」。

リバデネイラ神父の著作のなかで最もよく知られているのは、『聖人の生涯の本』(Flos Sanctorum) であり、これは2巻から成り、全集と要約本があるが、すでに何版も出版されている。主要言語には翻訳本があり、そうでない言語に訳されているところもある。

この本にはカラフルな挿絵が多く収録されており、また聖人たちの奇跡物語も多く含まれている。たとえば、マンレサでの「ニワトリの奇跡」という有名な話に注目してみよう。もし誰かがマンレサに行くなら、狭い通りに小さな井戸があり、次のような話が記されている。

ある日、巡礼者イグナチオがマンレサのその通りに行った。そのときに1人の少女が涙をいっぱい流しながら泣いているのを見た。イグナチオはその女の子に、「どうして泣いているの?」と聞いた。女の子はその通りにある小さな井戸を指さして、自分のニワトリがその井戸に落ちて、溺《おぼ》れてしまった、と言った。そこでイグナチオはその井戸を祝福した。すると底の水が上まで上がってきて、その水の上でニワトリは生き返っていた。イグナチオは喜んでいる女の子の手にニワトリを渡した。信心深く考えると、そのニワトリはアシジの聖フランシスコによって飼いならされていたオオカミの姉妹であったのであろう。

聖人たちが多くの奇跡を行なったという話は、本当に、単純な人々のあいだで大いに人気を博していたのである。

リバデネイラ神父は、中国の三洲島《さんちゃん》で亡くなった聖フランシスコ・ザビエルの英雄的な死についても語った。ポルトガル人のイエズス会員マヌエル・テイゼイラは、1584年に、リバデネイラ神父に手紙を書き、聖ザビエルの死の話を訂正してくれるように頼んだが、リバデネイラ神父は第2版の『模範的な生涯』のなかで、訂正はしなかった。聖ザビエルの死について次のように述べている。

「聖ザビエルに最後まで付き添っていた中国人の若者が語ったところによると、ザビエルは凹凸のある高い岩の上まで退いて、そこで神と親しく話しながら、魂をその御手《みて》にゆだねた」。

テイゼイラは「岩の上」ではなく、「小屋で」に変えてほしいと願った。小屋とは、ポルトガル商人がその地に、あるいは、三洲島《さんちゃん》に建てたものであったが、商人たちが船でその島から引き揚げるときに、燃やしてしまったという。たしかに、小屋よりも岩礁《がんしょう》で亡くなったとする方が、それが事実でなくとも、より詩的で英雄的に聞こえる。リバデネイラ神父は自分の本のなかで、もっと客観的に、批判的であるようにと、とがめ立てをしたりせず、「岩の上まで退いて」と記したところに、彼のユーモアと脚色をする好みが示されている。ちょうど、マルコ福音書が他の福音書に比べ、このような観点から見て、抜きんでているのと同じである。

リバデネイラ神父はまた、『祝福されたイグナチオ・デ・ロヨラ神父の列聖の交渉中に生じた出来事の話』(1609年、マドリード)も出版した。さらに『われらの聖イグナチオ神父が行なった統治のしかた』という本も出版した（Monumenta Ignaciana 1: 441-491）。

イエズス会をテーマにした『イエズス会修道会』という著書は、特別な重要性を持っており、哲学者フランシスコ・スアレスや、『イエズス会の著名な著作者著書目録』（Illustrium scriptorum religionis Societatis Iesu catalogus）に影響を与えた。エヴェラルド・メルクリアン総長時代に、一部のスペイン人会員が、スペインのイエズス会のために、特別総長を定めてほしいという意見を出したが、それに対する反論、さらに第5回、第6回総会時のリバデネイラ神父自身の「覚え書き」は、一読に値するであろう（MHSI, Ribadeneira, 2：305-323）。そのなかで、彼は創立者、聖イグナチオ・デ・ロヨラの精神を守り、「新クリスチャン」といわれるユダヤ出身者が、イエズス会に入会するのを阻止する教令の廃止を支持している（MHSI, Ribadeneira, 2：241-247；374-404）。１５９３年のイエズス会第5回総会において出された、「新クリスチャン」入会阻止の教令は、１６０８年および１９２３年に緩和され、ずっと後の１９４６年になって、ようやく完全に廃止された。

リバデネイラ神父は、その全著作を通して、新しいバロック時代を切り開いたヒューマニストを代表している。彼のスペイン語は、クラシックであり、文体は、彼の明るく、自然で、純真な魂を反映している。フライ・ルイス・グラナダと呼ばれる（１５０４～１５８８年）雄弁なドミニコ会神父は、リバデネイラ神父が書いた『聖イグナチオ伝』について、次のように言っている。

「われわれの言葉で書かれたもので、これまでに、これほど節度をもって、これほど雄弁に、これほどイグナチオの精神と教えを、模範的に示した書物を見たことがない」。

リバデネイラ神父の伝記を書いた忠実な秘書、ブラザー・ロペスは、次のように記している。

「リバデネイラ神父は胆汁質で、健康であり、優しく、敬虔《けいけん》で、思いやりがあり、人をすぐにゆるし、見事な判断をし、率直であり、真理を大切にする。彼の身体は均整がとれていて、それほど大きくはなく、中背で、顔は面長であり、色は白く、額は形がよく、頭髪はほとんどなく、ヒゲの部分もあまり毛がない。だから薄いオランダのベレー帽では、冬の厳しい寒さには、夜でも昼でも耐えられないだろう。薄いキャップでもだめだ。鼻は普通で、むしろ少し大きいぐらいであり、口はすべてが良く、話すときは、なおさら良い」。

リバデネイラ神父は、1611年9月22日にマドリードで亡くなった。84歳であった。イエズス会の同僚たちと、外部の人たちさえもが褒めたのは、彼の性格、習慣、それに才能であった。彼は、その本領を発揮する判断力において、また、彼が示す優雅さにおいて、抜きんでていた。称賛のなかには、有名なイエズス会員、ホアン・デ・マリアナ神父（1536〜1624年）が、リバデネイラ神父のために作った墓碑銘《ぼひめい》も含まれる。リバデネイラ神父は、

１５６１年以降の、最も著名な教授の一人であった。彼はローマ学院で神学と歴史を教えた。リバデネイラ神父とマリアナ神父は共に、１５７４年にトレドで引退した。ここでマリアナ神父は、１６０１年に出版された、彼の記念碑的著作、『スペイン全史』を書いた。

以下にマリアナ神父が自分の友人であり、イエズス会の同僚であったリバデネイラ神父にささげた墓碑銘を、まずラテン語で、そのあと、日本語で記しておきたい。

DEO OPT.MAX.S.
PETRUS RIBADENEIRA
E SOCIETATE IESU
QUI SE PUER ADIUNXIT ROMAE
ANTEQUAM SEDI APOSTOLICAE
IS ORDO PROBATUS ESSET.
MORUM FACILITATE, INGENIO ARDENTI, EGGREGIA INDOLE,
TRIBUS PRAEPOSITIS GENERALIBUS,
B.IGNATIO, LAINO, ET FRANCISCO BORGIAE,
GRATUS IN PRIMIS EXTITIT.

IUNIOR MULTAS NATIONES OBIVIT.
DE REBUS MAGNIS LEGATUS,
DEINDE VARIIS INTER SUIS MUNERIBUS EST PERFUNCTUS:
IN TUSCIA, ET SICILIA PROVINCIALIS,
COMISSARIUS IN SICILIA,
IN INSUBRIBUS VISITATOR.
AETATE MAIOR TOLETUM REDIIT
SI NATIVO COELO AFFLICTAM VALETUDINEM RECREARET.
IN EO SECESSU, ET MATRITI,
UBI VITAE RELIQUUM EXEGIT,
MULTOS LIBROS PUBLICAVIT ERUDITOS, ET PIOS,
IN UTRAQUE LINGUA PAR.
PRINCIPIBUS GRATUS, SUIS CARUS,
EX TERRIS COMMODUS,
PRUDENTI ET LAUDE INSIGNIS.
ANNOS LXXXIV VIXIT

IN SOCIETATE AUTEM LXXI.
OBIIT MATRITI
ANNO MDLXI, KAL. OCTOB.

おお、至高の聖なる神よ、
イエズス会員、ペドロ・リバデネイラ
彼は幼くしてローマに来て
教皇座で奉仕をするために、適切な訓練を受ける必要があった。
慣習に容易になじむ能力や、
頭の良さ、
高貴な気質について。
聖イグナチオ、ライネス、フランシスコ・デ・ボルハという
3人の総長にとって
彼はすべてのことに優れていると。
若者は大切な任務をゆだねられ、さまざまな国に、

教皇の代理として派遣され、
その後、トスカナやシチリア管区におい
て
さまざまの職務に励み、
シチリアには長官として
困難な地方では巡察使として務め
年老いてトレドに戻り
生まれた空のもとで、弱った健康を取り
戻し
ここマドリードで引退して
余生を送った。
彼が出版した多くの本は、博識で、信心
深い書物であり、
二つの言語で書かれている。
王子たちを喜ばせ、家族を愛し
行くところどこでも、その土地になじみ、

リバデネイラ神父を追憶するための最高の碑文となるのは、ヨーロッパの地図で、彼が訪れた多くの国や町を見ることである。それらの土地で彼は、多くの危険に遭遇したが、ひるむことなく、使徒として大切な活動を遂行した

思慮深く、高い称賛を得て
84歳まで生き
イエズス会に71年在籍して
マドリードで死去した。
１６１１年10月。

この本の最後の章で、リバデネイラ神父の著した最も興味深い２冊の本を、詳しく紹介したい。そのうちの１冊は、『聖イグナチオ伝』であり、他の１冊は、『聖イグナチオの統治のしかた』である。

第6章　最初の『聖イグナチオ伝』の著者

リバデネイラ神父が書いた『聖イグナチオ伝』という本は、中世の聖人伝というよりは、古典的歴史物語として称賛されている。この本には、口伝《くでん》で伝えられた小説的要素が、多く取り入れられている。一方で、古典的伝記というのは、キケロやクウィンティリアヌスのような、ラテンの古典著作家の基準に沿って、書かれていることの源泉や、描かれる人物に関する出来事を強調する。人間主義に基づく伝記では、語られる主人公の身体的・道徳的な人物素描が強調される。

リバデネイラ神父は、素朴でありながら気品のあるスタイルで、聖イグナチオの精神をつかむことができた。聖イグナチオを「父」と呼ぶリバデネイラ神父は、聖イグナチオのように、神の摂理に動かされている生き方のなかで、「真理と信仰を守りながら」というような、教訓となるモラルを言い表したいと思っていた。

キケロは“Historia est Magistra Vitae”（歴史は人生の師である）と言ったが、ラテンの古典的人間主義を体得していたリバデネイラ神父は、「聖イグナチオの生き方は、われわれの人生にとって師である」とわれわれに伝えたかったのであった。

以下に、より独自性のあるエピソードや、リバデネイラ神父が出会った、最も美しく、生彩を放っている文章などを取り上げながら、彼の書いた『聖イグナチオ伝』の本を紹介したい。リバデネイラ神父は、フランシスコ・デ・ボルハ総長に命じられたと言いながら、聖イグナチオの伝記を書き始める（最初は1572年、ラテン語で書く。のちに1583年、スペイン語で書いた。スペイン語版の方がより詳しく書かれている）。

主の憐《あわれ》みを信じ、「小さな奉仕」とリバデネイラ神父がいうこの本のなかで、彼は主について賛美と栄光を称えつづけ、さらに付け加える。「聖イグナチオはイエズス会員が通って入らなければならない道と門である」と。また、次のような美しい文を書いている。

「慈《いつく》しみにあふれる御父は、1540年（このとき、私はまだ14歳になっていなかったし、当時、イエズス会はまだ教皇の認可を得ていなかった）、私を聖なるイグナチオに会わせ、話をするように計らわれた。神の慈しみの計らいによって、私は家の中にいても外にいても、町の中にいても、外にいても、イグナチオ神父のそばを離れないよう、彼と共にいるように心がけた。彼に対して手紙を書き、彼に起こるすべてのことにおいて、彼に奉仕し、私の魂の益ともなるので、特別な称賛の念をもって、彼の言動、つまり、彼の言うこと、なすことを書き記した」。

まえがきのあとで、リバデネイラ神父は、カマラ神父が書きとめた聖イグナチオの自伝に従って、次のように記している。

「聖イグナチオは、１４９１年にロヨラ家に生まれ、その活発な気性から軍人となり、１５２１年、フランス軍にたいするパンプローナの戦いで城を守った。ところが彼が傷を負い、ロヨラ城で療養しているとき、彼の回心がおこり、人生が変わった。聖書の創世記のなかで、ヤコブが神から『イスラエル』という新しい名前をいただくが、聖イグナチオは、そのヤコブに比べられることがある。聖イグナチオも敵と戦ったが、当時の彼はまだ虚栄心に囚《とら》われていた。ところが『キリストの生涯』という本を読んだとき、キリストと悪魔、光と闇《やみ》、真理と誤りを識別し、主の霊によって、聖イグナチオの眼は開かれた。彼の考え方を船にたとえれば、その船の船首を、より確かな別の港へと向け直し、そちらに向かうこととした。聖イグナチオは、神に信頼を置くというヨロイを身につけて、言った。『神のうちにあっては、すべてのことをなすことができます。だから、私に願いを与えてください。また任務を与えてください。始めるのも、終わるのも、すべてあなたのものです』。主はたいそう喜ばれ、彼の祈りと彼がささげた、ささげものを受け入れられた。その夜、彼が徹夜で祈っていると、天使たちの女王である聖母マリアが、腕に至高の御子を抱いて現れた。この光景を見て、イグナチオはこれまでの過去の生活、愚鈍で、不正直な生活を疎《うと》ましく思ったので、それらの醜いイメージや、醜悪なことを捨て去った。その時から彼の生涯が終わるまで、彼は不屈の純粋さをもって、汚れなく、魂の清らかさ、純潔を守った。夜には空に瞬く星の美しさを眺めながら、大きな喜びを覚えた。あまりにもたびたび、このように空を眺めたので、次のように述べている。

私はこのように空を眺めることが習慣になり、それは死ぬまでつづいた。何年も後になって、私が歳《とし》をとってからも、空の美しさを眺めることができる屋上に上ると、私の目は空に釘付《くぎづ》けとなった。しばらくのあいだ、そのようにうっとりと眺めていたが、ふと、我に返ると、私は感動した。心の中に大きな罪を感じて、涙が溢《あふ》れ、心の声がこう言っているのを聞いた。『この世はなんと恥ずべき、くだらないものだろう。空に比べると、この世はごみ溜《た》めみたいなものだ』。

聖イグナチオは、エルサレムへ巡礼に行くことに決めた。『生きた水の泉を熱心に求め、愛の矢で彼の心を射止めた猟師を探そうとした』のである。彼はモンセラット山の方へと向かっていた。その近くまで来たとき、ある村で巡礼者の衣服を買った。それは足まである長衣であり、粗《あら》い麻で織った袋で作ったものであった。腰のあたりには紐《ひも》がついていた。

靴は麻で編んだものであった。のどが渇いたときに、水を飲むためのヒョウタンも持った。すべてのものを、天使たちのなかで最高に穏《おだや》かな女王であり、清らかな聖母の加護と保護のもとに置き、この道において純潔を守る誓願を立て、深い信心と、それを得たいという熱心な願いをもって、心身の貞潔をわれらの主キリストと聖母にささげたが、それを完全に守ることができた」。

モンセラットでは、修道院の聖堂において、黒い聖母像の祭壇の前で、自分の剣を聖母の足元に置き、キリストの新米の騎士として、徹夜で祈った。さらにバルセロナからローマへ向かう船を待ち望みながら、マンレサに向かった。

マンレサでは、貧しい人々のあいだで、毎日、施しを頼んだり、大聖堂でのミサを手伝ったり、毎日曜日には告解をして、聖体拝領にあずかった。また、苦行の生活を送り、眠るときには、病院に泊めてもらったりした。これまでの生活の罪を告解するときには、良心の呵責《かしゃく》を感じた。マンレサの郊外の洞窟《どうくつ》で、「霊操」を体験した。

カルドネル川のほとりで、イグナチオは照らしを受けた。

「川面《かわも》に目を向けていると、そこで自分の魂の目が、新しい見慣れない光に開かれて照らされた。その光によって、信仰の神秘に属することや、学問的知識に関することなど、多くのことが分かった。彼の生涯における最高の恵みであった。そして我に返ると、そこにあった十字架の前にひざまずき、このような大きな恵みを与えてくださったことに対し、主に感謝した」。

その後、マンレサのある家に一週間のあいだ、つまり、土曜日から次の土曜日まで留まっていたが、そのあいだずっと、恍惚《こうこつ》状態であったので、人々は彼が死んだと思った。恍惚状態から元に戻ったとき、彼はただ、「おお、イエス」とだけ言った、と証人たちは証言している。

約1年後、彼はマンレサを去って、バルセロナに行った。そこから小さな船に乗って、ナポリとローマのあいだにある、ガエタに行った。1523年のことであった。ローマでは教皇アドリアノ6世から祝福を受け、ヴェネチアに向かったが、その道中で多くの困難に出会った。彼は顔色が悪く、やせていたので、道行く人々は、この人はペストに罹《かか》っているとみて、近づいてこなかった。ヴェネチアでは聖マルコ広場で寝た。ヴェネチアの公爵がイグナチオに、1523年7月14日に出港する巡礼船に乗る許可証をくれた。チフレから船はヤッファに行き、イグナチオは9月4日にエルサレムに着いた。まず、オリーブ山に行ったが、そこには、イエス昇天の際の足跡が見られた。彼は帰路につき、1524年1月半ば、ヴェネチアに着いた。思いがけない出来事に出会いつつ、ジェノヴァに行き、そこからはスペインの船でバルセロナへ行った。

その後、バルセロナで勉強をしたが、彼の気に入った本は、ロッテルダムのエラスムスの書いた『キリストの兵士』ではなく、トマス・ア・ケンピスの『キリストにならいて』であった。エラスムスについてイグナチオは、「彼の熱情は生ぬるく、信仰心は冷《さ》めている」と言っている。その後、哲学を学ぶためにアルカラへ行った。トレドの異端審問官は、イグナチオが素朴な人々に、キリスト教のことを教えていると聞いて、彼の教えに疑いを持った。イグナチオは牢に捕えられたが、後に釈放された。彼はサラマンカに行ったが、ここでもドミニコ会の神父によって捕えられた。

そこでイグナチオは、サラマンカからパリに向かい、1528年2月初めに着いた。パリで哲学や神学の勉強をする費用をかせぐために、フランドル地方やイギリスにも行った。さらにイグナチオは「主における友」というグループを作った。そのなかに、最初の同志となったファーヴルとザビエルがおり、イグナチオはサンタ・バルバラ学院で、彼らと同室であった。イグナチオは愛徳の業を実践したことで、非難を受けた。彼が若い学生を誘惑し、彼らに霊操を受けさせ、イグナチオに従って、霊的生活の道を歩ませようとしている、というのである。

1534年8月15日、聖母マリアの被昇天の祝日に、最初の同志たち7人が、モンマルトルの殉教者礼拝堂で、誓願を立てた。貞潔、清貧、隣人の霊的進歩に奉仕するためにエルサレムに行く、という誓願である。そして、もしエルサレムに行くことができなければ、ローマで、教皇のために奉仕をするということになった。イグナチオは、損なわれた健康を回復し、宣教

パリのモンマルトルの丘で、すでに司祭であったファーヴル神父司式のミサにおいてイグナチオを含む７人の同志は、清貧、貞潔、エルサレム巡礼、それが不可能な場合は、教皇に従順に奉仕する、という誓願を立てた

活動をするために、１５３５年にスペインのロヨラに行ったが、１５３７年には戻ってきて、他の９人の同志たちと合流した。

　９人の同志とは、ファーヴル、ザビエル、ライネス、サルメロン、ロドリゲス、ボバディーリャ、ホアン・コドゥール、クラウディオ・ジェイ、それにヴェネチアにいたパスシャーズ・ブロエである。そのうち、ファーヴルとジェイとブロエはすでに司祭であった。イグナチオを含め、他の６人は、１５３７年６月24日、熱意をもって清貧のうちに生き、承認された教えを守ることを誓い、司祭に叙階された。22歳のサルメロンは若すぎたため、叙階されなかった。エルサレムに行く船便がなかったので、一時期、病院で奉仕したり、人々に宣教したりして過ごした。

一行は2人ずつの組になって活動した。そのなかの1人はディエゴ・デ・オセスという新しい同志であった。彼らは皆、教皇に奉仕するために、ローマに向かっていた。ローマに行く途中、ファーヴルとライネスといっしょにいたイグナチオは、ストルタという所で、「ストルタの示現」と呼ばれるものを体験した。その示現のなかでは、父なる神が御子に向かい、「この者（イグナチオ）があなたに仕えるようになる」と言われ、イグナチオを、十字架を背負ったイエス・キリストの側に置かれた。御子はイグナチオに、「私はローマであなたの味方となる」と言われた。この示現を受けた結果、イグナチオは、自分のグループに「イエズス会」という名前をつけさせてほしいと同志たちに相談した。

1538年の四旬節、すべての神父は一致して、「イエズス会」を創立することを決めた。教皇パウロ3世は、1540年9月27日、イエズス会創立を認可した。最初の同志たちは、宣教のためバラバラに分散した。ザビエルとロドリゲスはポルトガルに行き、さらにその後、ザビエルはインドに向けて出発した。1550年、教皇ユリオ3世は、聖なるカトリック信仰の擁護と拡大のために、イエズス会に再許可を与えた。リバデネイラ神父はここで、ムハンマドのイスラム教、ルター、カルヴァン、ツヴィングリのプロテスタンティズムについて述べているのであるが、リバデネイラ神父は16世紀の子であり、エキュメニズム（教会一致）の立場から書かれたものではない。さらにその後、リバデネイラ神父は、ポルトガル王の後援のもとに、ザビエルがインドで始めた活動のように、海外のキリスト教を知らない人々に、信仰を広める必要について述べている。

日本の若い4人の天正《てんしょう》遣欧使節のヨーロッパ訪問についても、1章を割《さ》き、次のように述べている。

「われわれは、日本人が1584年にヨーロッパを訪問するという、目新しく途方もない奇跡を見た。彼らは優れた若者たちであり、ある者は高貴な出自であり、すでにキリスト教徒であり、自分の国も、親や親戚《しんせき》をも捨てて、イエズス会の神父たちを信頼し、日本に建てられた学院において、それら神父たちの教えや教育方法によって育てられ、約3850０㎞の海を渡って、われらの地上における主であるイエス・キリストの代理人（教皇のこと）に謁見《えっけん》し、尊崇《そんすう》し、従順に従うために、ローマに行った。彼らは豊後《ぶんご》、有馬《ありま》、日向《ひゅうが》の殿たちの縁者であり、主の恩寵《おんちょう》により、イエズス会の神父たちをとおして、日本という遠くの国で宣《の》べ伝えられた、キリスト教の優れた模範の初穂であり、聖なる教皇グレゴリオ13世は、そのような者として、彼らを受け入れ、歓待し、厚遇し、栄誉を授けた。カトリックの聖なる信仰が増大し、広く宣《の》べ伝えられ、それは神の偉大なる栄光によるものであるが、教皇自身にとっても、（実際そうであるが）、教皇位にあるときに、いままで見ることも知ることもなかった遠くの知らない土地から、驚くほどの苦難や危険を乗り越

1584年、日本の豊後や有馬から、４人の少年大使がはるばるローマを訪問し、教皇グレゴリオ13世は彼らを温かく迎え入れたが、リバデネイラ神父はこの時の様子を記している

えて、長い航海をし、新しい子羊たちが、羊飼いのところに来て、その足元にひれ伏し、その羊飼いをとおして、地上における羊飼いたちの王子を崇《あが》め尊ぶのを見ることは、神にとって、また教皇にとっても、偉大な栄光となるものである」。

リバデネイラ神父は、インドやアメリカでのイエズス会の宣教について述べ、とくに初期の殉教者については、その名前と、どのように殉教したかについて記している。

イグナチオ神父をイエズス会初代総長に選出するに際し、会員は何名ぐらいいたかというと、イグナチオ、ライネス、サルメロン、クラウディオ・ル・ジェイ、ブロエ、コドゥリだけであった。皆は3日間祈り、選挙をしたが、ザビエルのようにローマにいない者を除き、全員が初代イエズス会総長としてイグナチオ神父を選んだ。彼が固辞したので、さらに4日間の祈りをした。イグナチオ神父がふたたび選ばれた。彼はこの問題を自分の聴罪司祭にゆだねたいと言った。そして彼は3日間、木曜、金曜、土曜と、サン・ペドロ・モントリオにあるフランシスコ会の修道院で、静修の日を過ごした。彼の聴罪司祭であったテオフィロ修道士は慎重でまじめな人であったが、イグナチオ神父に次のように言った。「あなたが選出されたことを拒《こば》むのは、聖霊の働きを拒んでいるかのように思われる」と。

聖イグナチオはテオフィロ修道士の助言を聞き入れ、次の金曜日、4月22日の復活祭に、サンパウロ聖堂の中にある聖母聖堂で、ミサのなかの聖なる秘跡において、主のからだを頂くときがくると、パテナ（聖体皿）の中にある主のからだを片方の手で持ち、もう片方の手に誓願文を持ち、神父たちの方を向いて、大きな声で次のように言った。

「私、イグナチオ・デ・ロヨラは、聖母マリアと、諸天使と聖人と、イエズス会の前で、全能の神と、地上におけるその代理人である教皇様に、われわれの主、イエズス会のフォルムラ（基本精神綱要）と会憲に含まれる生き方に従って、永久に続く清貧と純潔と従順を、これまでに宣言したように、今後も宣言が守られるように誓います。また、教皇様に対しては、同じフォルムラ（基本精神綱要）に含まれる使命のすべてについて、特別な従順を誓います。同様に、私の子らが、同じフォルムラと会憲に従って、キリスト教の教えを教えられるように、努めることを約束します」。

その後、イグナチオ神父は、主の聖なる御体《おんからだ》と御血《おんち》を拝領した。引きつづいて、他の神父たちも、イグナチオ神父の手から聖体を拝領し、誓願を宣立した。ミサのあと、神父たちは、敬《けい》虔《けん》に、その教会の聖なる場所を訪問し、聖パウロの骨が安置されている主祭壇に行った。そこでは愛の気持ちが高まり、涙が溢《あふ》れた。全員が純粋な霊的喜びと、熱烈な信仰心に満たされ、至高で永遠の主である神に、限りない感謝をささげた。というのは、神ご自身が始められたことが、最後まで順調に運ばれ、完成されたからであった。

イグナチオ神父は、イエズス会とローマのイエズス会の家を統治し始めた。彼はへりくだりの模範となるため、台所に入り、何日も料理人として奉仕した。彼はまた、子供たちや、字の素養のある人、ない人を問わず、男女の大人たちにも、キリスト教の教えを説いた。イグナチオの言葉は荒けずりで、洗練されたものではなかったが、聴く人々の心を効果的に動かし、力があった。

しかし、リバデネイラ神父は次のように述べている。

「イグナチオ神父が言ったことが役立つかどうか心配した。イグナチオがあまり上手ではないイタリア語で話したために、効果があがらず、聴衆に十分に受け止められていないかもしれない。それで自分はイグナチオ神父に向かい、「良い話し方をすることが必要でしょう」と言った。イグナチオ神父は私に向かって、謙虚に穏やかに、次のように答えた。「あなたが言ったことは本当だ。だから、あなたにお願いする。注意深く、私が間違っているところに気をつけて、私に教えてください。そこを直すから」と。そこで私はある日、紙とインクを持って、それをしたところ、彼が話したほとんどの言葉を直さなければならないことが分かった。そして、これはどうしようもないように思われたので、直すことをやめ、イグナチオ神父に、このことを告げた。イグナチオ神父は、この上なく穏やかに、優しく、私に言われた。「ペドロよ、では、神様にたいして、どうしたらよいかね?」。彼は次のように言いたかったのである。すなわち、主はイグナチオ神父に、もっと良い言葉を与えられなかった。主は彼に、主が与えたもので奉仕するようにと望まれた。だから、イグナチオ神父の説教も考え方も、人々を説得するための、知恵ある人の飾られた言葉ではなかったが、イグナチオ神父の話す言葉には、使徒聖パウロ自身が言ったように、神の力と霊が宿っていた。つまり、神の国は、優雅な言葉で成り立っているのではなく、神ご自身の力と徳から成っている。したがって、話される言葉自体に、神ご自身が宿っていると言われており、それを聞く者には、活動するための神の霊と命が与えられるのである」。

その後、リバデネイラ神父は、インドにおけるザビエルの活動、ポルトガルにおけるロドリゲスの活動について書いている。さらに、サルメロンとブロエ神父は、教皇大使としてアイルランドに派遣された、と述べる。そのあと、コインブラとゴアにイエズス会の学院が、また、ローマではイエズス会の家が設立されたことを取り上げている。パドゥアとアルカラでも学院が創設された。さらに、ローマで聖イグナチオが行なった活動、たとえば、女性更生のためのサンタ・マルタの家や、その他の会の家の創設にも触れる。1546年にはファーヴル神父が帰天したが、イグナチオ神父はファーヴルのことを大いに褒め称え、ファーヴル神父は、後にドイツの使徒となったペドロ・カニジオの心を引き付け、イエズス会に入るようにと誘った、と述べた。ドイツについて思い出されるのは、ケルンのカルトゥジオ会の愛徳と兄弟思いの気持ちである。彼らは宣教や祈りをとおして、イエズス会を助けた。忘れてならないのは、聖イグナチオは、イエズス会員に司教職のような教会の権威が与えられることを望まなかったことである。そして、なんと多くのイエズス会員が、エチオピアからアフリカ大陸に入り、コンゴやアンゴラにまで、シチリア島やブラジルにまで行ったことだろう。

その後、教皇ユリオ3世はイグナチオ神父が会員のために作った、イエズス会の会憲と統治の方法を確認することを検討した。このようにして、イエズス会の10章からなる会憲が定められた。教皇グレゴリオ13世はイエズス会をふたたび承認した。リバデネイラ神父は、イエズス会の学院で教えられる教育の内容について述べる。とくに、学生たちに適用される「霊操」の経験をとおして仕上げられるヒューマニズム（人間主義）の勉強が強調されている。これらの勉強はローマ学院とドイツ学院で取り上げられている。最後には、１５５２年に中国の海岸で亡くなったザビエル神父のことが語られる。また、この話のなかで、１５４９年ごろ、ザビエルが鹿児島のベルナルドといわれる日本の少年と出会ったことが記されている。当時、ベルナルドはすでにイエズス会の最初の誓願を立てており、後にベルナルドがローマに行ったときには、リバデネイラ神父自身がベルナルドの霊的指導者となった。ベルナルドはリバデネイラ神父に、ザビエル神父についての多くの思い出を語った。というのは、ベルナルドはザビエル神父と7か月間も、同じ部屋で寝食を共にしていたのである。また、聖イグナチオは１５５０年に、自分の病気と、人としての不完全さを理由に、総長職を辞したいと思い、イエズス会の主だった神父たちにその旨の確認を得ようとした。相談された神父たちは、イグナチオ神父に、総長職をつづけてくれるよう懇願した、とリバデネイラ神父は述べている。その後、イエズス会が迫害に遭《あ》った話や、コルシカやフランドル地方やスペインに新たに学院を創設した話のあとに、リバデネイラ神父は、ローマでイグナチオが亡くなったことを記している。当時、リバデネイラ神父が、イグナチオ神父の秘書であったポランコ神父に宛てて書いた哀悼の手紙については、前に引用した。

リバデネイラ神父は後に、イグナチオ神父の身体的・霊的特徴について、次のように述べている。

「彼は中背で、どちらかといえば、小柄である。彼の兄弟たちは背が高く、整った顔立ちである。彼の顔は威厳があり、額が広く、しわもない。眼窩《がんか》はへこんでいて、瞼《まぶた》にはしわが寄っている。たえず多くの涙を流すからである。耳は普通で、鼻は高く、かぎ鼻である。顔色はよく、穏やかで、頭には髪がなく、威厳がある。顔つきは、明るいが真面目そうであるというか、真面目そうであるが明るいというか、彼を見た人たちはその穏やかさに安心を覚え、その落ち着きに心が安らぐのである。少し足をひきずっているが、それほどひどくはなく、本人も歩くときには、気をつけているので、彼の足の悪さに誰も気づかない。長年にわたり、裸足《はだし》で長い道のりを歩いたので、足はタコだらけで、ザラザラしている。初めのころは体力があり、健康そのものであったが、断食を繰り返し、過重な苦行を行なったために、体力を消耗して病気になり、胃が痛むようになった。初期のころに克己をやりすぎたこと、後に少ししか食べなかったことがその原因であった。……ときどき3日に一度、ときには一週間、一口のパン、あるいは一杯のワインさえも口にしなかった。着るものについては、つねに粗末なもので、人目を引くようなものは何もなかったが、いつも清潔で、こざっぱりとしたものを身につけていた」。

つづけて、リバデネイラ神父は第5巻のなかで、聖イグナチオの霊的特徴について述べる。引用が長くなりすぎないよう、興味深いものだけを以下に簡略に列記する。

1．イグナチオ神父に神が与えられた祈りの賜物《たまもの》と、神との親しい交わり

多くの涙を流す。重大な決断をするときには、いつも祈る。何度も神と話し、心底から次のように言った。「主よ、私はどうすればよいのでしょう。あなたなしでは、私は何をすることができるでしょう？　主のことについては、主を観想の最もレベルの高いところに置き、自分自身は積極的というよりは、受け身の気持ちでおります」。しかし、このような場合、イグナチオ神父は祈ることよりも、克己の気持ちに重きを置いた。したがって、あるとき、イエズス会員の一人が、イグナチオ神父の前で、ある修道者のことについて、「彼はよく祈る人です」と褒めたとき、聖イグナチオは言葉を言い換えて、「彼は克己に優れている人であろう」と言った。つまり、その人は、自分の情欲やその傾向、自分自身の意志や判断を克服したということである。聖イグナチオは思慮深さというブレーキの効《き》かない長い祈りを好まなかった。

2．隣人に対する愛徳について

イグナチオ神父は、神への愛の火、隣人への愛の火で心が燃えていた。悪に対して悪

で報いるのでなく、いつも良い行ないで悪を乗り越えた。1546年、ある修道者が嫉妬《しっと》と怒りのせいで、イグナチオ神父にとって手ごわい敵となり、こう言った。「スペインのペルピニャンからセビリャにいたるまで、イエズス会に関係のあるものすべてに火をつけるぞ」。さらに彼は自分の言いたいことを、イグナチオ神父に伝えたいと思い、そのことを記した手紙をある人に託して、イグナチオ神父のもとに届けた。イグナチオ神父は同じ言葉を使った手紙を書き、その人に持たせたが、それは次のような手紙であった。「ご使者の方へ。修道者N神父に伝えてください。彼が言われるように、ペルピニャンからセビリャにいたるまで、イエズス会に関係のあるものすべてを燃やされるとのこと。私はN神父とその友人、知人に希望します。ペルピニャンからセビリャまでにとどまらず、全世界が、完徳に至るよう、また神の聖なる栄光のしるしを受けられるよう、神の愛の火を焦《こ》げるほどに燃え立たせることを望んでいます」。

3．イグナチオ神父のへりくだりについて

わが主に奉仕し始めたときから、イグナチオ神父は粗末な衣服を身につけ、足は半ば裸足であった。病院においては、貧しく気の毒な人々のあいだにあって、同じように貧しくなり、へりくだって、誰からも知られることや尊敬されることを望まず、われわれの贖《あがな》い主であるキリストのために、侮辱《ぶじょく》され、迫害されるときに、喜びに満たされる。

そしていつも言っておられた。「高く上りたいものは、低くなることから始めなければならない」と。

ある日、私にこう言われたのを覚えている。自分が死んだ後、自分の身体が鳥や犬のご馳走《ちそう》になるように、ゴミ捨て場に放りこんでもらうよう、主に願わなければならない。自分は忌まわしいゴミであり、動物の糞《ふん》であるから、自分の罪の罰として、他に何を願うことができようか。……

ごくまれに、さしたる理由もなく、自分のことを話されることもあった。彼は、もし、自分の忠告で、苦しんでいる人の霊魂をいやすことができ、あるいは、自分の模範で、同僚たちを力づけることができたら……、などと言われた。

4. 従順について思ったこと

イグナチオ神父がイエズス会員に望んだことは、すべての徳性を身につけるよう、わが身を磨くこと、なかでも、従順の徳を体得するために、あらゆる努力を払うように、ということであった。というのは、修道者にとって、従順の徳は、最も優れた高貴な徳だと認めていたからであり、神にとって、従順の徳は、つぐないよりも喜ばれる徳である。へりくだりの娘である従順の徳を身につけることは、愛徳の光を育て、保ちつづける聖香油であり、正義の友であり、修道者のすべての徳の導き手であり、先生である。

それは私欲の敵であり、兄弟の一致の母であり、神を信じる人々の確かな港であり、永久につづく晩餐《ばんさん》である。

イグナチオ神父は、イエズス会入会に際し、各人が次のことを気にせず、自分自身が納得するように望んだ。すなわち、「自分の長上はえらい人であるか、中ぐらいの人か、劣った人か、ということを気にしない。長上は神の代理人としておられるので、自分のすべての修道の熱意を、従順であることにささげなければならない。長上がどのような人か、見分けたりすると、従順に従うという力が失われてしまう」。

5. イグナチオ神父が情熱をもって行なった克己の業について

イグナチオ神父は、神の恵みを受けて、いつも仕事が忙しく、人の世話もしていたので、彼の情熱は抑制され、理性に非常に従順であった。だからといって、人に備わっている自然の情愛の心が失われることはなかったが、(これがなくなれば、人間ではなくなる)。彼の心に迷いや無秩序な欲望による動揺が入ることはなかったように思われる。このように見てくると、彼は体質的には熱情的で、短気なようであるが、医師たちは、彼の話す言葉や行ないが、きわめて穏やかで、柔軟性があるのを見て、彼の体質は、粘液質の理性的な人であると思ったのであった。

6. イグナチオ神父の謙虚さとその言葉の力について

イグナチオ神父の言葉は統治に適していた。彼は理性の規則を用いて、自分の言葉を選ぶことができた。このようにして彼は話しつづけたのであって、言葉を選ばずに話す人ではなかった。というのは、イグナチオ神父は話す前に、理性的に深く考えたので、彼の心の穏やかさと冷静さが失われることはなかった。人を褒めるときは慎重であり、非難するときや、注意をするときは、なおさら配慮した。彼はラテン語で言う「最上級」の言葉をめったに使わなかった。最上級を使うときは、ときどき事柄を大げさに、相応しくない表現で言うことになるからである。

彼の会話のなかで、人の欠点を話すことはなかった。すでに公然と知られていることや、広場で話されていることであっても、人の欠点は話さなかった。彼の言葉は非常に控え目であり、まじめな話が多かった。彼の講話は、おおむね単純で分かりやすかった。簡単な事柄をはっきりと話し、話を大げさにしたり、確認したり、感情に訴えることはなかった。彼の講話を聴いている人々に、自分たちが置かれている状況や結果を慎重に判断させ、また、それぞれの事柄の大切さを悟らせた。人と付き合うときや、普通の話し合いのときには、あまり話さず、相手のことを思いやり、相手の話は最後までよく聞いて、話し手の話を遮《さえぎ》ることはなかった。また、イグナチオ神父の話は悩んでいる人々を落ち着かせ、安心させた。

7．優しさと厳しさをどのように併《あわ》せ持つことができたか

イグナチオ神父は反抗する者には厳しく、謙虚で従順な者には優しかった。彼自身の性格についていえば、厳しいというよりも、どちらかといえば優しい方だった。もし、誰かが、イグナチオ神父が断るであろうと思われることを頼んだときには、彼は、そのような頼みごとをするのはよくない、という理由をはっきりと説明し、頼んだ人が納得するような方法で断った。

8．イグナチオ神父の、人に共感し、憐《あわ》れむ気持ちについて

イグナチオ神父が病人や、回復期にある人や、弱っている人々に対して抱いていた愛情は、確かに、きわめて深いものであった。誰かが病気になったときには、そのことを自分に知らせるように命じ、買い物係りの者には、病人が必要とするものを、看護師のところへ持って行ったかどうか、一日2回、報告に来るようにと言った。必要なものを買うお金がないときには、家の飾り棚にある皿や、合金でできた食器の一部を売るようにと言った。それでも足りないときは、家の2枚の毛布を売って、病人にたいし、医者が命じた必要なものに事欠かないようにした。

また、イエズス会の学生の多くは、徳性と才能に溢《あふ》れた青年たちであったが、彼らが、

心からの熱情をもって行なう純粋な仕事のために、死亡したり、身体が弱ってしまうのを見たイグナチオ神父は、ローマの城内にあるぶどう畑のなかに、家を建てさせたところ、学生たちは、それまで住んでいたところから離れ、目いっぱい時間を楽しみ、新しい力を取りもどして、以前にもまして、活動できるようになった。

9．イグナチオ神父が持っていた強さと偉大さ

イグナチオ神父は神に対して、確固とした信仰を抱いていたが、金銭に対しては無頓着であった。ある神父はお金がないことを心配していたが、イグナチオ神父は彼に向かって言った。「神父さん、私は本当に神を信じるべきであると思いますよ。神に希望を置くと、どんなに力が得られるか、お分かりでしょう？ すべてのことがあり余っていて、現にそこにあるなら、希望が生まれる余地はありません。見ることができる希望は、希望ではありません。あなたがたは希望したことが実現したら、もう希望はしないでしょう。このように確かに、よくあることだが、希望に向かって希望をもつことで、われわれの貧しさが励まされるのです」。

イグナチオ神父は度量が広く、困難で難しいことにも果敢に取り組んだが、一度計画したことは、途中で止めずに継続した。物事については、きわめて注意深く考えて祈ったが、それを実行する前に、さらに深く熟慮した。

10. イグナチオ神父の思慮深さと霊的な面での指導

イグナチオ神父の思慮深さは、動揺している会員たちに、必要な方策を与えることにより、その良心を穏やかにし、落ち着かせた。イグナチオ神父は、息子たちであるイエズス会員たちの心の父であった。ある者には優しく接して、癒《いや》しを与え、ある者には、厳しく、厳格に接した。

イエズス会の任務の多様性と重要性を考慮し、また、人々の運命にかかわることを取り扱う困難さや危険なことに配慮して、イグナチオ神父は言っていた。「世の中にとって良くない人は、イエズス会にとっても良くない。また、生きるための才能を持ち、世間で評価されている人は、わがイエズス会においても良い人である。勤勉さや能力やその他、普通の人々が持っている他の良い部分が、イエズス会の精神によって磨きをかけられるならば、わが主に奉仕するために、好都合であり、効果的であろう。そのことは経験が教えてくれている」。

11. その他のことにおける思慮深さ

イグナチオ神父が、自分の力を超えるような事を始めようとしているのを知った人は、彼が、人間の思慮深さによって統治しようとしているのではなく、神の摂理にのみ、拠《よ》り頼んでいることが分かるであろう。しかし、彼はその仕事に着手し、前進させ、終わらせるためには、あらゆる手段を用いた。このようなすばらしい思慮深さは、天からの豊かな光と輝きが、彼に与えられたためであって、それによって、彼の霊魂は照らされ、われらの主は、イグナチオ神父に、今、目の前にあることだけでなく、将来のことも悟らせたもうたのであった。イグナチオ神父にとっては、隣人の益に関することについて、すべての憐れみの業を同時にすることはできなかったので、最も大切なことから始め、いつも個人のことよりも、公共のもの普遍的なものを、確実でないものよりも永続的なものを優先させた。そして、それらの憐れみの業《わざ》が進み始めると、それを徐々に他の人の手に任せ、イグナチオ神父自身は、別なことをし始めた。彼はこう言っていた。人々は話しているときよりも、仕事をしているときのほうが自由であり、明日に約束していたことを、できれば、今日、終わらせようと努力するものである、と。

12. イグナチオ神父の用心深さと配慮

イグナチオ神父は、自分が始めた仕事は、必ず最後までやり遂げた。ひとたび始めれば、それが完成するまで、途中で投げ出すことはなかった。始めた仕事のなかで、他の人々に援助や手助けを頼んだときにも、その人々が注意を怠ったり、不注意になったりせず、逆に、イグナチオ神父のように、注意深く、勤勉に務めるように望んだ。

13. 神がイグナチオ神父をとおして行なわれた奇跡

リバデネイラ神父は次のように書いている。

「なんというすばらしい奇跡だろう。これまで武器がかもし出す騒音のなかで、戦争に明け暮れ、神のことについて何も知らない人生を送っていた兵士が、突然、別の人間に変わり、イエス・キリストの兵士になっただけでなく、聖なる軍隊の導き手となり、隊長になったとは」。

その後、リバデネイラ神父は、イグナチオ神父の息子たちである、宣教師たちが引き起こした奇跡の数々について、入念に記録している。彼らはヨーロッパ、アフリカ、アジア、アメリカ大陸に派遣され、カトリック信者のあいだだけでなく、異教徒にもキリスト教を宣教しているのである。

リバデネイラ神父の書いた『聖イグナチオ伝』の最後は、次のように結ばれている。

「この小論は、主に、聖イグナチオの生涯や習慣について言われていることである。……われらの父についての記憶が少しずつ薄れ、失われてしまわないように、また、われらイエズス会員が、つねに自分の前に、完全な模範像を置いて、そこからすべての徳性を見習うことができるようにと書き記した」。

第7章　『聖イグナチオの統治のしかた』の著者、リバデネイラ神父

リバデネイラ神父はこう述べている。

「私は祝福されたイグナチオ神父の生涯について書き、彼の息子たち全員に、彼を英雄的で、すばらしい徳性の模範として推薦《すいせん》する。神の恵みにより、それらの徳の一部をできるかぎり、自分たちも身につけ、それを表わすことは、主なる神への奉仕となり、また、イエズス会の益にもなるので、われわれの聖なる父の統治のしかたについて、書いた」。

この小論は、イエズス会の長上たちが、聖霊によって霊感を受けた、イエズス会の創立者、聖イグナチオの統治を学ぶことを目指している。それはイグナチオ神父の統治について「完全な描写」をしており、長上たちが統治するための「手引き」のようなものである。

この『聖イグナチオの統治のしかた』という小論は、全文が日本語で上梓《じょうし》されており、私のこの小著を読む方々は、リバデネイラ神父による、前述の『聖イグナチオの統治のしかた』を

すでに読んでおられることを承知のうえで、ここにその本の主要点をまとめて記しておきたい。

＊第1章　召命を受けた修練者に入会を許可し、試験する方法について

イグナチオ神父は言う。「世界にとって良くないものは、イエズス会にとっても良くない」。「したがって、活動に非常に意欲的であり、勤勉な者」の入会を認め、「おとなしく、弱々しい者は認めない」。入会を許された者は「すでに少年の域を脱している者で、隣人の教化のために必要な、誠実な人柄が備わっており、好ましい外見の人であることが望ましい」。ブラザー志望者についても、神学生や司祭志望者についても、健康と体力について詳しく調べた。非常に学識のある者や、きわめて思慮深い者については、多少、不健康に見えても問題にしなかった。「なぜなら、これらの一見《いっけん》弱々しく見える人でも、人を救うことができるからである」と。イグナチオ神父は修練者の養成において、「厳しさと優しさを混ぜ合わせた」のであった。とくに言えることは、イグナチオ神父はすべての修練者に対し、大きな愛情をもって接したことである。

＊第2章　イグナチオ神父が、イエズス会員はそうであってほしいと、とくに望んだこと

何よりも従順が大切で、実行するだけでなく、「罪であると肯定することができないすべてのことにおいても、長上の意志をわが意志とし、長上が感じるように感じること」。

この従順のために、イグナチオ神父がイエズス会員に望んだことは、「自分の意志を放棄し、命じられたことのために、不偏心で、自分を柔らかい蝋《ろう》のように、また、原材料のように、長上の手にゆだねる」ことであった。皆が「正しく、純粋で、清らかな、目的を持ち、虚栄を交えず、自分の愛や関心という汚れを交えず、自分の霊魂、身体、仕事のなかで、神の栄光を求め、各人は神がその人に与えた才能を用いて、すべてのことにおいて、霊魂をよい状態に保つように努めること」を望んだ。

祈りにおいては、「長時間の祈りよりも、神に出会うよう努めること、したがって、愛徳や従順の業が、祈りや黙想よりも、敬虔《けいけん》さにおいて劣るということはない」。

イグナチオ神父は、より内的な克己について、身体的、外面的なことよりも、自分自身の誇りと尊敬についての克己を重視した。学生の場合には、粘り強く勉強することが最大の克己であると考えた。とくにラテン文化と人文主義（ヒューマニズム）の勉強を強調した。哲学・神学において、多くの意見があることを好まなかった。できれば、イエズス会員のあいだでは、考え方が一致しているようにと望んだ。誰かが特別な必要があるときには、その人の独自性を認め、何人《なにびと》も、それに対して中傷することを望まなかった。

＊第3章　目下《めした》の心にどのように、徳性を植え付けるかについて

イグナチオ神父にとって、一番大切なことは、彼がすべての息子の父であり、イエズス会という身体の頭であるように、「すべての木の根が、その木の幹、枝、葉、花、実に樹液を送るように」、「この上なく優しい父の愛で、息子たちの心を得る」ことであった。大いなる優しさをもって目下を迎え、あるときには、ブラザーも、料理人も、門番もいっしょに、食事をした。……彼らが何かを頼んできたときには、都合が悪くないかぎり、それを聞き入れた。父がその頼みを断らざるを得ないときには、その理由をよく説明したので、頼みを断られた者も、イグナチオ神父の善意を納得したし、頼んだこと自体が不可能なことであり、適切ではなかったことを認めてくれるようにと願った。高慢な者、不従順な者を呼び寄せても、怒った言葉や、責めるような言葉を口にすることはなかった。どの目下の場合でも、その人の名声が上がり、評判がよくなったときには、それを大いに認め、彼らのことをいつも褒め、その欠点を見つけようとはしなかった。ただ、ある者と他の者とのあいだで調整をする必要があり、相談しなければならないときは別であった。兄弟たちの悪口を言う者は、厳しく罰した。憤慨する者には、聖イグナチオの温和さで打ち勝った。誘惑された者、情熱にはやる者には、彼らの情熱が静まるようにと、忍耐強く対応した。誘惑を受けた者、苦しんでいる者のためには、多く祈り、克己《こっき》の業をし、3日間の断

食をした。イグナチオ神父は他人の欠点を忘れてしまった。このようにして、彼は目下の人々の信頼を得、彼らは自分たちの欠点をさらけ出すようになった。なぜなら、彼らの欠点の痕跡は、イグナチオ神父の心にも、記憶にも、その後の付き合いにおいても、残っていないことを知っていたからである。イグナチオ神父は、目下の一人ひとりの健康、安らぎに心を配り、会員たちはそのことに感銘を受けていた。会の家にお金がなく、医者が病人のために処方した薬を買えないとき、イグナチオ神父は家の毛布を2枚売らせ、その薬を買わせた（6章に既出）。イグナチオ神父自身も病人を介護し、ベッドを整えたりした。「虚弱な少年たち」の健康にも気を配った。息子たちには過重な仕事をさせることはなく、彼らが仕事のために息を弾ませる前に休ませた。

イグナチオ神父は、目下たちの意向に従って、彼らを活動に行かせたので、まず、彼らの意向を知ろうとした。それには二つの方法がある。一つは簡単な事柄の場合、その目下を知っている友人をとおして、目下の意向を知る方法である。もう一つの方法は、難しい事柄の場合に、活動に行かせようとしている目下に、次のことを頼む。まず最初に、その活動について祈り、従順の徳に従い、それをする心構えができているかどうかについて、イグナチオ神父に手紙を書く。2番目に、それをしたいか、したくないかの意向について書く。3番目に、何をするかを、イグナチオ神父の手にすべてを委《ゆだ》ねる旨、イグナチオ神父に宛《あ》てて書く。このようにして、すべての会員が、委ねられた仕事について、疲れることを恐れず、父イグナチオを信頼し、父の手にすべてを委ねた。目下たちは、もし疲れた場合には、父が休ませてくれることを知っていた。父は目下たちを信頼し、彼らをその能力と才能に従って、自由にさせる。イグナチオ神父は一人ひとりに言う。「あなたがたは仕事の足元にいる。だから、何をしなければならないかが、よく分かっているだろう」。誰かが過ちを犯したら、その者を自分の手元に置き、その者が正しく、必要な判断ができるよう、イグナチオ神父自身が悔い改めの業《わざ》を課した。

＊第４章　目下がすべての徳において進歩するために用いた方法

イグナチオ神父は、母の愛のように柔らかい愛と、父の愛のように力強い愛で、息子たちが徳性において、毎日、さらに成長するようにと願った。「徳性が幼い者にはミルクを、もっと進んだ者には皮の固いパンを与え、完全な者には、より厳しく接し、その人が思うように完徳に到達できるようにさせる」。したがって、ポランコ神父、ナダル神父、イグナチオ神父の聴罪司祭であったディエゴ・デ・エギーア神父の３人に対しては、「叱責」をするようであった。「その理由は……？」リバデネイラ神父の説明によると、「これらの神父は、神の優れた僕《しもべ》であり、大人であったからである」と。ライネス神父に対しても、イグナチオ神父は厳しく接した。というのは、イグナチオ神父は、彼をイエズス会総長の後継者にするつもりだったので、ことさら厳しく鍛えたのであった。

イグナチオ神父は、目下が自分たちの悪い習慣を根こそぎ捨て去るよう、救いの手を差しのべ、彼らに次のように示唆《しさ》した。すなわち、その悪癖《あくへき》を行なった回数を数えること、あるいは同僚に、自分の悪いところを知らせてくれるよう頼むこと、あるいは、問題になっている自分の欠点について「特別な糾明《きゅうめい》」を行なうこと、昼間と夜と、一日2回、自分が何度同じ過ちを犯したか、数えること、そして、自分が過ちに陥る回数をできるだけ減らすよう努力すること、あるいは同じ過ちに陥ることに対して、自発的に克己の業を課すること、などである。

イグナチオ神父はまた、目下たちの才能を用いるときに、慎重さと勇気を示した。ある者には宣教で奉仕すること、ある者には身分の高い人たちと付き合うこと、別な者には隣人を助けること、などである。同時に、彼らの弱さや不完全さのために、彼らから期待される実りが得られない可能性もあった。しかし後になると、彼の洞察力を駆使して、目下の良いものを傷つけることなく、良いところを用いることができた。「毒麦が主のよい種を枯らしてしまうことなく、小麦を収穫した」のである。

物事がなされるとき、たとえ小さな事であっても、悪い模範やごまかしによってなされたときには、それが大きくなって、危険になる恐れがある場合、父イグナチオは厳しく、容赦をしなかった。誰かをイエズス会から去らせるときには、その者が気分よく去れるように努め、よい生き方をするように教え、会の家の仲間たちと友情を保つように、仲間たちは、彼についてよい評価をするように、仕向けた。会の家を去ろうとする者たちのために、大いに祈り、その者たちを密かに去らせ、ある場所に巡礼に行ったのだと説明した。

＊第5章　イエズス会員が人々を進歩させるために行なった勤勉さについて

（1）主の恵みを受けて、自分自身が徳性において毎日進歩し、完成に向かい、成長すること。というのは、このようにして、人が神の道具にふさわしい者となるためであり、人々を完徳に生まれ変わらせるためであり、隣人にたいし、その胸の内に、愛の火を燃え上がらせるためである。神と完徳に対して大きな愛を抱いていれば、故意に小罪を犯したりすることはない。

（2）空しい恐れを克服し、貧乏、煩《わずら》わしいこと、中傷、侮辱《ぶじょく》、無礼なことを気にせず、死ぬことすら気にかけず、また、自分に反対し、迫害を加える人に対しても、嫌悪や憎しみを抱かない。

（3）この航海においては、きわめて危険な二つの岩から身を守らなければならない。一つは自分自身のはかない虚栄心であり、二つ目は、自分が望み、考えるように、物事が運ばないときに生じる、仕事や困難なことに対する臆病な心と不信である。

（4）どのようなものであれ、野心や、名誉や高位を得たい、高位の人と親交をもちたい、人々の称賛や喝采を得たい、などの欲望を取り除くこと。さらに称賛されるために何もしないこと。非難されることを恐れないこと。

（5）この虚栄を好むという嗜好《しこう》は非常に強いので、食べること、飲むこと、快適に着ることへの嗜好と同様に、われわれが付き合い、話し合っている人々を教化して、それらの欲望を制御し、和らげなければならない。われわれの「内なる人」を落ち着かせ、外部で輝くように導くためである。それによって、われわれを見る隣人が、自らの姿勢を整え、神を褒《ほ》め称《たた》えるようになる。

（6）女性に対する慎重さ。たとえ彼女たちが信心深く見え、実際にそうであるとしても、特別なタイプの女性、たとえば、若い女性、美しい女性、または、良くない評判の女性であったりした場合、修道者であり神の僕《しもべ》である者が、その危険から逃れようとするとき、あるいは、人々から悪い評判を立てられるとき、人々はつねに、修道者のことを守ろうとはせず、疑ったり、悪口を言ったりしがちである。また、イグナチオ神父は、信心深い女性が、神からの啓示を見たと言っても、それを信じたり、良いことだと言ったりすることには、慎重でなければならない、と忠告した。そのような女性の場合、頭の中が錯乱し、ありもしないのに、いつもある、と錯覚していることがあるからである。

(7) 話すときには用心深く、浅はかな言葉や、つぶやき、中傷の言葉や、大げさな言葉は使わないこと。なぜならこれらは有害だからである。とくに、説教をするときや、深刻な問題についての疑問に答えるときには、気をつけて、大いに慎重に、よく考慮して、話をしなくてはならない。

(8) 人々の望みを分かり、それを愛のある言葉や、さらに行ないで模範を示して、神の方へ引き寄せ、われわれの修道誓願と分別ある愛徳に従い、人々の願いのために、容易にできることをなすこと。

人々を信頼し、神のみ旨《むね》に反しないかぎりにおいて、すべてのことにおいて、人々の願いを受け入れ、「彼らのドアから入って(先に相手の興味がある事柄について話し)、自分のドアから出る(相手をキリストの方へ導けるよう自分が適切な言葉で話す)」、聖パウロが言ったように、「すべてを豊かにするために」、われわれが「すべてにおいてすべてとなる」こと。

(9) 付き合う人々には、きわめて慎重に付き合い、へつらわず、誰とでも謙虚に誠実に話し、あまり親しげにせず、誰からも贈り物を受け取らず、生活をするために必要なものだけを受けること。なぜなら、贈り物を受け取る者は、自由を失い、贈り物を受け取る者に対しては、人々の敬意が減るからである。2組の人々がいるときには、不公平にしてはならず、すべての人々を受け入れなければならない。

(10) 権威は必要であるが、それは自分を謙遜に評価し、真にへりくだるときに得られるものである。さらに、それは言葉で表すよりも、行ないで示すものである。というのは、人は謙虚なキリストの弟子であり、キリストに倣《なら》う者だからであり、何かを目指すのではなく、神の栄光をあらわし、キリストが求める人々の霊魂の救いを目指しているからである。神は高慢な者を拒《こば》まれ、へりくだる者を称揚される。

(11) われらの父イグナチオは寛大で、取りかかった仕事には疲れを知らず取り組み、主への奉仕のためになると思ったことは、後に退くことはせず、自分の子らにもそのようにすることを望んだ。しかしまた、次のようにも諭《さと》した。すなわち、一度始めてみたものの、それが最後までうまく行く希望がないときや、始めてみたことよりも、もっと役に立つことがあると判断した場合には、自分の意見を押しとおして、始めたことに固執する頑固な人間であってはならない。

(12) 最後に病気の隣人と付き合うときには、良い医者のようになり、病気を怖がってはならないし、傷を嫌《いや》がってはならない。忍耐心と穏やかな気持ちで、病人の弱音や、煩《うるさ》い訴えにも耐えなければならない。そのためには、病人や怪我《けが》人をアダムの息子と見るのではなく、壊れやすいガラスの瓶《びん》や土器のように見るのでもなく、イエスの御血によってあがなわれた、神の似姿《イメージ》であると見、彼ら自身が助け合い、良い行ないによって、神の恵みを受け、そのなかで成長するように努力する。

主においてイグナチオ神父は、この隣人の医者のようになった者に期待する。というのは、イグナチオ神父は、この医者のようになった者が、自分自身により頼まず、自分をイエズス会の会員にされた、主の善さを信じていたので、この奉仕のために彼を呼び、彼を自分の代理人としたのであった。

＊第６章　イグナチオ神父が行ない、統治のために役立ったこと（簡略に）

イグナチオ神父は、各会員が自分の弱点を克服しようとしている心づかいによって、各会員が、どのくらい進歩したかを判断した。イグナチオ神父は物事を行なうときに、たいへん思いやりがあり、毎晩、助手に、その日にしたこと、明日することの説明を求めた。また、ローマに届いた各地からのニュースや、イエズス会員が世界のために活動している様子を、すべての友人や重要な人々に知らせた。

聖イグナチオは司教、貴族、修道者を食事に招き、ザビエル神父がインドや日本でたてたすばらしい功績について話した

ある者に、これまでに経験したことのない任務を与える前には、次のように命じた。毎晩、その日に起こったことを、その人が信頼する人に話し、信頼された人から、その人が適切な道を歩んでいるかどうかについて、助言してもらうようにと勧めた。イグナチオ神父がとくに注意を払ったのは、神学において優れ、卓越しているイエズス会員が、害を与えるような悪い模範を示し、その後を人々がついてくる、といったことのないように、ということであった。心配性の人と話す場合には、あいだに証人を立てることもあった。また、イグナチオ神父は、イエズス会司祭の到着が遅れたために、病人が告解をせず、終油の秘跡も受けずに死ぬようなことがないようにと願った。

人を動揺させるようなことが伝えられたときには、まず心を静め、十分に考えるまでは口を開かなかった。レクリエーションの時間には、神父たちとブラザーたちが互いに交わり、知り合い、彼らのあいだで、もっと愛し合うようにと望んだ。イグナチオ神父は神の摂理に信頼して、次のように言った。「どんなにわれわれに足りないものがあっても、主は豊かにわれわれに与えてくださる」。僅《わず》かの旅費だけを持って旅をしていたとき、貧しい人に出会った場合、神を信じて、その人のために、施しをしつづけるように命じた。修練者たちに何かを知らせるときには、彼らがそれによって不安に陥らないよう、慎重に注意を払った。また、ある事を認めるか、認めないか、よく考えてから判断を下したが、いつもそれを優しい心で行なった。2人の人が仲良くない場合、片方の人に、もう一方の人が褒めていたことを伝え、2人を穏やかな気持ちにさせ、仲良くなるように計らった。目下の人たちが長上と良い関係を保ち、従順に従っているときには、とくに従順の掟《おきて》を必要とせずに、物事を行なっていることを喜んだ。また、イグナチオ神父が知らないうちに、イエズス会に新しい儀式や習慣を持ち込まないよう、注意を払った。重要な仕事の手紙、とくに大切な人に手紙を書くときには、それを何度も読み返した。一部のイエズス会員が、高貴な位にある人たちを嫌わないようにと願った。そのことがイエズス会全体に悪い影響を与える恐れがあるからである。さらにイグナチオ神父はイエズス会の中に牢を設けることを望まなかった。牢を置くことについて、どう思うかと聞いたリバデネイラ神父にたいし、イグナチオ神父は次のように答えた。「ペドロよ、もし主なる神のことだけを考えて、同じ神に愛を願っている人間のことを考えなくてよいなら、私はイエズス会に牢を置くかもしれない。しかし主なる神は、われわれが神の愛を願う人々のことを考えるよう、望んでおられるのであるから、私は今のところ、牢を置くことは適切ではないと判断する」。

最後にイグナチオ神父が選んだ三つの文を紹介する。

1. 克己のできる人は、克己のできない、不完全な人に比べ、自分の情熱を克服し、きわめて容易に自分が望む祈りに入れる。

2. 何かをするときには、すべてがあなたに拠《よ》ってではなく、神に拠って行なわれるように、すべてを神にゆだねなさい。しかし、その後、それを行なうときは、すべてを神によってではなく、あなた自身の責任で行なうようにしなさい。

3. （修練者に）子よ、いつも主にあって微笑《ほほえ》み、いつも明るくしているように。修道者は、どのような理由があろうとも、悲しげにしていてはならない。楽しむための多くのことがある。いつも明るく喜んでいなさい。いつも謙虚で、いつも従順でいなさい。

『聖イグナチオの統治のしかた』の小論は、確かにすばらしいものである。また、リバデネイラ神父のすばらしい「要約」の仕方も称賛すべきものと思われる。「要約」をとおして、リバデネイラ神父のイグナチオ神父への愛が示され、リバデネイラ神父は、イグナチオ神父から良い長上になることを学び、彼は実際、その生涯をとおして、イエズス会が彼にゆだねた重要なポストにおいて、つねに良い長上であった。それだけではなく、彼はイグナチオ神父についてのデータや、事例や、文句を心に留める非凡な才能に恵まれ、それらをすべて、明確に、魅力的に、教え諭すように、書き記したのである。

おわりに

——ペドロ・デ・リバデネイラ神父の生涯（1526～1611年）——

ペドロ・デ・リバデネイラ神父の生涯や活動を紹介した、この小著を終えるにあたって、リバデネイラ神父が聖イグナチオ・デ・ロヨラとイエズス会に抱いていた愛が、私の脳裏と心に焼きつけられた。また、リバデネイラ神父の著作もすばらしいものである。その著作は、ラテンの古典時代から、聖なる神父たちについて書き、ルネッサンスの人文主義著作家にまで及んでいる。わけても、彼は聖アウグスティヌスに傾倒し、その文体をまねて自分の著作を書いているほどである。

リバデネイラ神父は85歳まで生きた。16世紀後半の時代としては長寿であり、したがって多くの著作を遺すことができた。

この小著を終わるにあたり、私がとくに印象深く感じた点を紹介したい。これまでイエズス会のいろいろな人物について語ってきた。初期のイエズス会員たちは、あちらこちらの土地へ、例えばローマからパリへ、ドイツからスペインへ、と旅をした。彼らの旅の目的は、トリエント公会議に出席したり、さまざまの国の王を訪問したり、などと多彩であった。リバデネイラ神父の『告白録』と、『聖イグナチオ伝』を読むと、当時の旅というのは、きわめて困難で危険を伴ったものであり、膨大なエネルギーが費やされていること気付く。海の嵐《あらし》、切り立った山々からくる風雨、骨まで沁《し》みとおる風や雨、馬やラバに長時間乗ることによる体の痛み、盗賊による危険、戦争中であれば、敵兵との遭遇もあり、さらに、反感を示されたり、病気や怪我の危険にさらされるのが当時の旅であった。

しかし初期のイエズス会員たち、たとえば、リバデネイラ神父たちの場合には、それらの困難を乗り越え、自分たちの使命の目的を果たした。だからこそ、私は聖パウロが「ローマの信徒への手紙」で語っている言葉を思い出し、それがイエズス会初期の会員であったリバデネイラ神父にぴったりと当てはまるので、その聖パウロの言葉を、この文の締《し》めくくりとしたい。その文の底流に流れている最も大切なことは、イエス・キリストへの愛である。

「だれが、キリストの愛からわたしたちを引き離すことができましょう。艱難《かんなん》か。苦しみか。迫害か。飢えか。裸か。危険か。剣か。……しかし、これらすべてのことにおいて、わたしたちは、わたしたちを愛してくださる方によって輝かしい勝利を収めています。わたしは確信しています。死も、命も、天使も、……力あるものも、高い所にいるものも、低い所にいるものも、他のどんな被造物も、わたしたちの主キリスト・イエスによって示された神の愛から、わたしたちを引き離すことはできないのです」（ローマの信徒への手紙8・35〜39）。

文　献

リバデネイラ神父の著書

— Fontes Narrativi IV, Vita Ignatii Loiolae, Napoli 1972.

— P. Petri de Ribadeneira：Confesiones, Epistolae aliaque scripta inedita (Monumenta Historica S.I., Romae 1969).

— Historia ecclesiástica del Cisma del Reino de Inglaterra (Madrid 1588).

— Vida de P. Francisco de Borja (Madrid 1592).

— Vida del P. M. Diego Laynez (Madrid 1594).

— Tratado de la Religión y Virtudes que debe tener el Príncipe cristiano para governar...contra lo que Nicolás Machiavelo y los políticos deste Tiempo enseñan (Madrid 1595).

— Flos Sanctorum o Libro de las Vidas de los Santos (Madrid 1599).

— Tratado en el cual se da razón del Instituto de la religión de la Compañía de Jesús (Madrid 1605).

— Tratado del modo de gobierno que nuestro santo padre Ignacio tenía (Madrid 1878).

— Pedro de Ribadeneira, Vida de San Ignacio de Loyola, Librería de la viuda e hijos de J. Subirana-editores, Barcelona 1863.

— Pedro de Ribadeneira, SJ., Confesiones — Autobiografía documentada (Mensajero-Sal Terrae, Colección

Manresa 41, Bilbao 2009).
――『イグナチオの統治のしかた』並河美也子訳、新世社、２００２年。

著者　ホアン・カトレット S.J.（Juan Catret）

1937年　スペイン、バレンシアに生まれる
1954年　イエズス会に入会
1961年　セイント・スタニスラス・カレッジ（アイルランド）哲学修士課程修了
1962年　来日
1968年　上智大学大学院神学課程専攻修士課程修了
1969年　司祭叙階
1975年　ローマ・グレゴリアン大学で神学博士の学位を受ける
広島イエズス会修練院司祭、エリザベト音楽大学教授を経て、
現在、東京石神井のイエズス会修道院 修練長補佐
著書『十字架の聖ヨハネの信仰の道』『ロヨラの聖イグナチオの霊性』『マリアのたとえ話』（新世社）、『ヘロニモ・ナダル神父の生涯』『薩摩のベルナルドの生涯』『ホアン・デ・ポランコ神父』『ヤン・ローターン神父の生涯』（教友社）他多数。

訳者　高橋敦子（たかはし・あつこ）

1952年　東京女子大学文学部哲学科卒業
訳書『聖イグナチオ・デ・ロヨラの道』『イエズス会の歴史』（新世社）、『ヘロニモ・ナダル神父の生涯』『薩摩のベルナルドの生涯』『ホアン・デ・ポランコ神父』『ヤン・ローターン神父の生涯』（教友社）他多数。

挿画　ホセ・マリア・カトレット（José M.Catret）

Opus, cui titulus est : ペドロ・デ・リバデネイラ神父の生涯
Auctore　ホアン・カトレット

IMPRIMI POTEST
Tokyo, die March 14, 2014
梶山義夫　KAJIYAMA YOSHIO

聖イグナチオの最初の伝記記者
ペドロ・デ・リバデネイラ神父の生涯

発行日………2015年1月15日 初版

著　者………ホアン・カトレット
訳　者………髙橋敦子
発行者………阿部川直樹
発行所………有限会社 教友社
275-0017 千葉県習志野市藤崎6-15-14
TEL047 (403) 4818　FAX047 (403) 4819
URL http://www.kyoyusha.com
印刷所………株式会社シナノパブリッシングプレス

ISBN978-4-907991-08-1　C3016